DÉPOT LÉGAL
OISE
N

CHOSES

DU

VIEUX BEAUVAIS

ET DU BEAUVAISIS

TEXTE & DESSINS

PAR

Victor LHUILLIER

BEAUVAIS

Imprimerie A. SCHMUTZ, 27, rue Saint-Pantaléon.

1896

CHOSES

DU

VIEUX BEAUVAIS

ET DU BEAUVAISIS

TEXTE & DESSINS

PAR

Victor LHUILLIER

BEAUVAIS

Imprimerie A. SCHMUTZ, 27, rue Saint-Pantaléon.

1896

JE DÉDIE CE PETIT LIVRE

A LA MÉMOIRE DE MON VIEIL AMI

Alexandre DELAHERCHE

—

Il connaissait parfaitement l'histoire de notre ville natale qu'il aimait d'autant plus qu'il l'avait bien étudiée dans les plus infimes détails.

S'il eût vécu, il aurait applaudi à la publication de ces courtes notices, écrites sans prétention, où j'ai cherché à faire revivre les hommes et les choses du vieux Beauvais et du Beauvaisis.

Puisse sa lecture inspirer à nos compatriotes le désir de connaître davantage le passé de notre antique cité.

Victor *LHUILLIER*.

LA FLÈCHE DE LA CATHEDRALE

Le chœur de l'église cathédrale de Saint-Pierre est une merveille de hardiesse, de légèreté et d'élégance ; il a sous voûtes une hauteur de 48 mètres au moins, c'est-à-dire 5 mètres de plus que le chœur de Notre-Dame d'Amiens.

Malheureusement l'édifice est incomplet, ne comprenant que le chœur et des transepts avec leurs portails latéraux ; il lui manque une nef, un grand portail et une flèche ou clocher. L'on connaît le vieux dicton de nos pères : « Pour avoir une cathédrale gothique parfaite, il faudrait la nef d'Amiens, le portail de Reims, le clocher de Chartres ou de Strasbourg et le chœur de Beauvais. » En réunissant ces chefs-d'œuvre, on aurait eu cependant un édifice bien peu harmonieux.

La longueur totale du chœur de Beauvais avec ses transepts est de 66 mètres ; si l'église avait été complétée, la nef aurait eu au moins 80 mètres, de sorte que l'édifice aurait présenté une longueur totale de 146 mètres et le grand portail se serait trouvé dans le milieu du jardin du Palais épiscopal (aujourd'hui Palais de Justice).

Pendant de longues années les évêques et les chapitres de Beauvais eurent l'idée fixe d'achever ce merveilleux édifice. Quand le cardinal de Châtillon fut promu, en 1535, à l'évêché de Beauvais, il porta à la connaissance des fidèles que le Saint-Père, « *meu de charité et dévotion, a donné* « *les grands pardons, grâces et indul-* « *gences de planière rémission pour* « *édification et entretenement d'icelle* « *cathédrale de Beauvais, pour ce que* « *le sumptueulx, hault et magnifique* « *édifice du cueur est sans croisée et* « *nef.* »

Les aumônes abondèrent, les dons vinrent de tous côtés. Il eut été sage d'entreprendre la construction de la nef afin d'appuyer les transepts et on en délibéra pendant huit ans. Le désir d'avoir un clocher prévalut, car à cette époque, la coupole de Saint-Pierre de Rome faisait grand bruit en Europe et le chapitre voulut établir une flèche qui dominât en hauteur le dôme de la basilique romaine. Il ouvrit un concours en 1543 ; une lutte s'engagea entre maçons et charpentiers ; les uns voulant que le clocher fût en pierre, les autres disant qu'il était plus sage de l'établir en bois. Les chanoines et l'évêque prirent une résolution moyenne, en décidant qu'on élèverait une lanterne de pierre surmontée d'une pyramide de bois.

Avant tout, on voulut s'assurer que les quatre piliers de la croisée des transepts étaient de force à porter la flèche ; les maçons de Saint-Etienne et Saint-Sauveur, choisis comme experts, donnèrent, le 6 avril, un avis conforme aux désirs du chapitre. Plusieurs chanoines, plus prudents que leurs confrères, ne s'en tinrent pas à cette première consultation : ils demandèrent une seconde expertise qui se fit en avril 1547 et fut sans doute favorable à l'entreprise, car, en janvier 1560, le plan définitif fut soumis au chapitre et les travaux commencèrent. En 1565, les maçons avaient terminé leur œuvre ; il ne restait plus que la flèche de bois à élever ; on résolut de la surmonter d'une grande croix en fer et de la couvrir en plomb. Thomas Lepot, peintre, fut chargé de décorer les voûtes. *Jean Vast fils* fut l'architecte, le maître de l'œuvre, comme on disait alors. A lui revient la gloire d'avoir suspendu dans les airs

Ce grand amas pierreux
Qui bravoit en hauteur les tours babyloniques
Qui sourcilloit dessus les pointes memphitiques,

comme le dit le chanoine-poète Simon de Bullandre, l'ami de Ronsard.

Enfin tout fut terminé le 6 juin 1567 ; on avait mis sept années à exécuter le travail.

La flèche de Beauvais surpassait en hauteur tous les monuments connus, et Denis Simon prétend que, de son sommet, on distinguait Paris. Mais il faut se défier quelque peu de Denis Simon et de ses additions à l'histoire du Beauvaisis.

Voici comment M. Gustave Desjardins, auquel nous avons emprunté ces détails, donne la description de la flèche dans son excellente *Histoire de la Cathédrale de Beauvais*. Portées sur les quatre piliers de la croisée des transepts, s'élevaient quatre tourelles supportant une tour carrée à jour de 48 pieds (16 m.). Une seconde tour à huit pans découpés comme de la dentelle surmontait la première de 63 pieds (21 m.) et en supportait une troisième plus évidée encore, qui avait 50 pieds (17 m.). Enfin l'aiguille en charpente était d'une hauteur de 96 pieds (32 m.) La flèche entière s'élevait ainsi de 257 pieds (86 m.) au-dessus du toit, c'est-à-dire à 151 mètres au-dessus du sol. Elle dépassait donc de 27 pieds (9 m.) la flèche de Strasbourg, de 51 pieds (17 m.) le dôme de Saint-Pierre de Rome et de 87 pieds (29 m.) le clocher de Chartres. La grande pyramide d'Egypte était dominée elle-même de 9 mètres. On nous parlera bien aujourd'hui de la Tour Eiffel qui a 300 mètres, mais la Tour Eiffel n'est pas un monument artistique, pas plus que la grande pyramide de Memphis. On est étonné de leurs dimensions, mais ce ne sont pas des œuvres d'art ; l'une est un gigantesque squelette de ferraille, l'autre une massive colline de pierres. Ce sont des tours de force auquel l'art et le goût sont absolument étrangers.

L'intérieur de la flèche de Saint-Pierre était plus surprenant encore que l'extérieur. Du pavé de l'église, on pouvait voir trois étages de fenêtres garnies de verrières étincelantes et, au-dessus, une coupole à nervures saillantes enrichies d'or et de peintures harmonieuses. Aux fêtes solennelles, on suspendait dans la flèche une grosse lampe qui jetait sa lumière sur les vitraux de couleurs. Quand, le soir, les promeneurs se trouvaient sur les collines qui entourent la ville, cette flèche immense se détachait dans l'horizon obscur qu'elle éclairait de l'éclat des feux colorés de ses verrières ; ils devaient être en admiration devant ce merveilleux spectacle. Même quand la grande lampe n'était pas allumée, il suffisait de la lumière de la lune ou des feux du soleil couchant pour voir se détacher dans le ciel la flèche de Beauvais comme une pyramide lumineuse.

Malheureusement, si la flèche était admirable, elle était peu solide. Reposant sur quatre piliers dont deux n'étaient pas contrebutés, il eût fallu construire quelques travées de la nef pour équilibrer la poussée. Aussi, à peine dressée, la flèche géante oscillait. On la fit visiter en 1568, on enleva la croix de fer en 1571. On renouvela les visites en avril 1572 par Gilles de Harlay et Nicolas Tiersault, maçons du roi, qui dirent que « le principal danger vient des deux piliers de la croisée tirant au vide vers l'Evêché » et qui manquent de « contreboutement ». Les experts voulaient qu'on bâtit jusqu'aux arcs doubleaux des murs de soutien entre les quatre piliers. Le chapitre paie les experts (cinquante-sept livres huit sous six deniers, environ 300 fr. d'aujourd'hui), mais, comme il arrive souvent, ne peut se décider au travail. Les 9 et 16 juin, nouveaux experts, mais on ne prend non plus aucune mesure. Enfin, le 29 avril 1573, des chanoines sont commis avec des charpentiers pour aviser aux moyens d'étançonner les piliers. Il était trop tard, car le soir même quelques pierres commencèrent à se détacher. Le lendemain 30, fête de l'Ascension, tout le clergé et le peuple de la ville étaient réunis dès le matin dans la cathédrale pour se

former en procession, la tête du cortège
gagnait déjà les rues ; il ne restait à l'entrée que les porteurs des châsses de saint
Germer et saint Just, quant tout à coup les
voûtes du clocher s'affaissèrent, les piliers
du côté de la Basse-Œuvre se déversèrent,
la flèche en bois et le triple étage de la
lanterne s'écroulèrent, et comme le dit
Simon de Bullandre, « *un orage de pierres
fondit sur la chapelle du Saint-Sacrement* ». La merveille n'existait plus ; elle
avait duré six ans. Jean Vast eut dans sa
vieillesse la douleur de voir s'anéantir le
monument qui devait l'immortaliser. Dans
une des chapelles de la cathédrale se voit
encore sur un vitrail le maître de l'œuvre
et sa femme à genoux ; à côté d'eux se
trouve un écusson sur champ d'azur avec
un marteau de maçon de sable.

Il est une légende qui a cours à Beauvais, c'est que la chute de la flèche est due
à ce que les chanoines avaient affaibli l'un
des piliers en faisant pratiquer un escalier à
l'intérieur. C'est absolument inexact et les
procès-verbaux des experts ne parlent pas
de cet escalier prétendu.

La véritable cause de la catastrophe tient
à ce que la nef n'était pas construite, ou du
moins quelques travées de cette nef. C'est
ce que voulait Jean Vast qui ne fut pas
écouté. Il lui a été rendu justice de nos jours
car on a donné son nom à la petite rue qui,

de la place Saint-Pierre, conduit à la rue de l'Abbé-Gellée.

On dépensa énormément pour réparer les ruines que produisit la chute de la flèche. Le cardinal de Bourbon, qui avait depuis 1572 remplacé le cardinal de Châtillon, fit même vendre l'hôtel que les évêques de Beauvais possédaient à Paris, rue de la Verrerie. Si l'on avait appliqué ces sommes à établir une partie de la nef, nous admirerions peut-être encore l'œuvre merveilleuse du malheureux Jean Vast.

NOMS DES RUES & PLACES DE BEAUVAIS

EN 1794

Les mauvaises langues prétendent que les hommes transforment parfois leurs opinions et leurs actes politiques suivant les circonstances et les nécessités de leur ambition, de leurs intérêts ou même de leurs peurs. Les noms des rues se modifient également par ricochet. Ainsi, à chaque changement de régime, la rue Royale, à Paris, qui va de la place de la Concorde à la Madeleine, a vu souvent se transformer son écriteau. Elle était rue *Royale* en 1789 ; elle est devenue successivement rue *Nationale* en 1793, rue *Impériale* en 1804, rue *Royale* en mai 1814, elle redevint *Impériale* en mars 1815, puis *Royale* au mois de juillet suivant. Elle garda ce nom jusqu'en 1848, devint de nouveau rue *Nationale* jusqu'en 1852, encore *Impériale* de 1852 à 1870, quelque temps *Nationale* en 1871. Elle est aujour-d'hui, comme jadis, la rue *Royale*. Soit dix changements en moins d'un siècle ! Il faut féliciter le conseil municipal de Paris d'avoir été aussi tolérant, car il n'est pas coutumier du fait. On ne peut nier, il est vrai, que, pendant longtemps, la France a eu des rois, qu'on ne peut effacer de l'histoire, à moins de l'écrire à la façon du père Loriquet ou à celle de ces rares journaux qui, en 1895, impriment imper-turbablement sur leurs feuilles de chou la date du 20 Messidor an CIII, ou bien, comme le roi Louis XVIII, qui ne manquait pas d'esprit pourtant, et qui datait ses ordon-nances, en 1814, de la 19e année de son règne. Tout cela est aussi puéril que ridi-cule.

A Paris, après la mort de Louis XVI, on décréta le changement des noms des rues ou places qui rappelaient les souve-nirs de la monarchie ou qui portaient les noms des saints.

La ville de Beauvais se décida, au com-mencement de 1794, à se mettre à l'*instar de Paris*. Le maire était alors le docteur Langlet, chirurgien des hospices, patriote éclairé, intègre et sage ; le conseil général de la commune était composé en grande partie de membres connus par l'ardeur de leurs opinions révolutionnaires ; il y avait en outre à cette époque un comité de salut pubic ou révolutionnaire, institué par le conventionnel André Dumont en août 1793 et où ne se trouvaient que des citoyens très ardents. De plus, à côté de ces assemblées officielles, la ville de Beauvais eut une société populaire ou club, toujours comme Paris avec ses Jacobins. On remarquait parmi les orateurs et meneurs de ce club, l'ex-diacre Floury, froid comme le conventionnel Saint-Just et surnommé *Tullius Aristide,* le brasseur Durand, le grainetier Masson, l'ex-génovéfin Laperrière, l'orfèvre Legrand dit *Helvetius ;* le charcutier Prieur, surnommé le *Père Duchesne,* connu dans la ville sous le nom vulgaire de *Prieur l'Andouille,* à cause de sa profession ; les tapissiers Hérault et Bécéde, le jardinier Legras, le vicaire de Saint-Pierre Daboncourt, l'ex-professeur Caron-Guillotte, etc. Le comité révolulutionnaire et la société populaire se mirent d'accord pour exiger de l'administration municipale le changement de tous les noms réactionnaires et religieux des rues et places. Le maire et le conseil municipal de la commune obéirent ; on les eût sans cela déclarés suspects et ça n'en valait pas la peine.

Le tableau qui suit indique quels noms furent adoptés et donne en même temps les noms anciens et les noms nouveaux des rues débaptisées en 1794.

NOMS DES RUES OU PLACES		
En 1789	En 1794	En 1895
Pl. Saint-Michel	Pl. de la Liberté	Pl. Ernest-Gérard.
Grande-Place	Pl. Nationale	Pl. de l'Hôtel-de-Ville.
Pl. Saint-Pierre	Pl. de la Raison	Pl. Saint-Pierre.
R. du Cloître-Saint-Pierre	R. de Brutus	R. de l'Abbé-Gellée.
R. du Curé	R. de la Constitution	R. d'Alsace.
R. des Prêtres	R. Dampierre	R. Angrand-Leprince.
R. Saint-Gilles	R. des Piques	R. de la Banque.
R. des Barrettes	R. Scævola	R. des Barrettes.
R. du Metz	R. de la Patrie	R. Biot.
R. des Pauvres-Gens	R. de l'Egalité	R. Colbert.
R. du Cloître	Pass. Descartes	R. du Cloître–St-Sauveur.
R. de l'Ecole-de-Chant	R. des Décades	R. de l'Ecole-de-Chant.
R. de l'Ecu-de-France	R. du Franc-d'Or	R. de l'Ecu.
R. du Doyen ou des Chats-Morts	R. de la Régénération	R. Feutrier.
Grande rue Saint-Martin	R. de la République	R. Gambetta.
Grande rue Saint-Laurent	R. de Lille	R. Gambetta.
R. du Grenier-à-Sel	R. de la Réforme	R. du Grenier-à-Sel.
R. de l'Hôtel-Dieu	R. de la Bienfaisance	R. Gui-Patin.
R. de l'Infanterie	R. de la Roche-Sauveur	R. de l'Infanterie.
R. des Jacobins	R. des Sociétés-Populaires.	R. des Jacobins.
R. du Franc-Mûrier	R. des Vétérans	R. Jacques-de-Guehengnies
R. Saint-François	R. des Sans-Culottes	R. J.-B.-Baillière.
R. du Moulin-St-Laurent	R. de l'Union	R. J.-B.-Boyer.
R. Saint-Antoine	R. du Pacte-Social	R. Jean-de-Lignières.
R. des Sœurs-Grises	R. Guillaume-Tell	R. Jean-Mazille.
R. du Puits-Jessaume	R. Jeanne-Hachette	R. Jeanne-Hachette.
R. de la Madeleine	R. Tricolore	R. de la Madeleine.
R. Saint-Thomas	R. J.-J.-Rousseau	R. de la Manufacture-Nat[le].
R. Selette ou des Minimes	R. du Théâtre	R. Molière.
R. des Cordeliers	R. Marat	R. de Nully-d'Hécourt.
R. Notre-Dame	R. de la Mère-de-Famille	R. du Palais-de-Justice.
R. Sainte-Véronique	R. des Aveugles	R. Philippe-de-Beaumanoir
R. du Prévost	R. du Républicain	R. du Prévost.
R. du Sépulchre	R. de la Franciade	Av. de la République.
R. du Sachet	R. du Bonnet-Rouge	R. du Sachet.
Grande rue Saint-Sauveur	R. de l'Unité	R. Sadi-Carnot.
R. Saint-Etienne	R. Beaurepaire	R. Saint-Etienne.
R. Saint-Jean	R. de l'Oise	R. Saint-Jean.
Petite rue Saint-Laurent	R. de Thionville	R. Saint-Laurent.
Petite rue Saint-Martin	R. de Lycurge	R. Saint-Laurent.
R. Saint-Nicolas	R. Antoine	R. Saint-Nicolas.
R. Saint-Pantaléon	R. de la Montagne	R. Saint-Pantaléon.
R. Saint-Paul	R. de la Révolution	R. Saint-Paul.
R. Saint-Pierre	R. Lepelletier	R. Saint-Pierre.
R. Saint-Symphorien	R. des Droits-de-l'Homme	R. Quentin-Varin.
R. du Four-Saint-Pierre	R. de Jemmapes	R. du Four-Saint-Pierre.
R. des Maures	R. des Affranchis	R. de Vignacourt.
R. des Trois-Cailles	R. de Bresles	R. du Vingt-Sept-Juin.

De plus, les portes de la ville changèrent également de noms. La porte Limaçon devint *porte de Gournay ;* la porte l'Hôtel-Dieu, *porte de Lille ;* la porte de Bresles, *porte de Clermont ;* la poterne Saint-Louis, *poterne des Lavandières ;* la poterne Saint-André, *poterne de l'Abondance ;* la poterne Sainte-Marguerite, *poterne de l'Abreuvoir.* Le faubourg Saint-Jean prit le nom de *faubourg de l'Oise ;* celui de Saint-Jacques, *faubourg de Paris ;* le faubourg Saint-Quentin se nomma *faubourg de la Révolution.* Quant aux établissements publics, l'Hôtel-Dieu fut l'*Hospice des Malades,* le Bureau des Pauvres, l'*Hospice du Malheur,* le couvent des Ursulines, la *Maison de Surveillance,* celui de Saint-François, la *Maison de Sûreté.*

En examinant le tableau ci-dessus, on remarque que l'idée dominante des comités était de supprimer les noms des saints et même le nom de Dieu. La Commune de Paris, en 1871, n'a donc fait qu'un pastiche. Il y a un autre point, c'est une affectation dominante de sensiblerie et d'humanité, comme il convenait aux lecteurs de J.-J. Rousseau, et l'on voit pas mal de noms ronflants : Liberté, Raison, Patrie, Egalité, Régénération, Bienfaisance, Pacte social, Mère-de-Famille, Montagne, Droits-de-l'Homme, etc. Avec des noms pareils, on se serait cru à Salente, la ville modèle de Fénelon. Mais la réalité, en 1794, était moins humanitaire. On ne mettait la douceur et la paix que dans les écrits et non dans les actes ; témoin le conventionnel Fabre d'Eglantine, qui n'était pas un berger de Florian malgré la charmante idylle dont il est l'auteur :

> Il pleut, il pleut bergère,
> Presse tes blancs moutons.

Les hommes marquants de 1792 et 1793 eurent une certaine part dans cette nomenclature. Ce sont Dampierre, le général tué sous les murs de Valenciennes en mai 1793 ; Beaurepaire, l'héroïque suicidé de Verdun en septembre 1792 ; le député Le Pelletier de Saint-Fargeau, assassiné en 1793 ; Marat, poignardé par Charlotte Corday en juillet de la même année. Puis c'est Thionville, pour sa défense héroïque en 1792, et Jemmapes, illustré par la victoire de Dumouriez.

On remarque dans le choix de certains noms l'influence de l'*ex-professeur* Caron-Guillotte, car Brutus, Scævola et Lycurgue sentent le pion de collège ; la philosophie et la littérature ont leur part dans Descartes et Jean-Jacques Rousseau. Il y a, de plus, la rue de la *Franciade*. Est-ce que par hasard Caron-Guillotte, qui devait être un peu classique, admirateur des Grecs et des Romains et même de Boileau, aurait été celui de Ronsard?

Prieur l'Andouille, son collègue de la société populaire, était plus braillard que méchant ; il devait aimer la grosse plaisanterie. C'est lui, sans doute, qui, considérant l'absence de modestie de certaines personnes qui habitaient, *en 1794,* la rue Saint-François, aura proposé le nom de rue des *Sans-Culotte.* De même que, pour faire une niche aux habitants religieux de la rue Sainte-Véronique, il l'avait baptisée rue des *Aveugles.*

Il y a un nom que je ne m'explique pas. C'est celui de rue *Antoine* donné à la rue Saint-Nicolas. Qu'est-ce que cet Antoine ? Serait-ce, par hasard saint Antoine l'anachorète ou encore saint Antoine de Padoue. Serait-ce l'amant de Cléopâtre ? Ah ! nous y sommes, c'est décidément Antoine l'anachorète, à cause de son compagnon. C'est un symbole du *charcutier Prieur.*

Toutes ces rues avaient un singulier aspect en 1794. A la porte de chaque maison était fixé un écriteau avec le nom des habitants et les maisons portaient sur leurs murs des inscriptions ainsi conçues : *Liberté, Egalité, Fraternité, unité et indivisibilité de la République, ou la mort.*

L'histoire de cette année 1794, à Beauvais, est fort triste et même sanglante, mais fort curieuse ; nous chercherons un jour ou l'autre à la résumer dans un article.

LES

EVÊQUES-COMTES DE BEAUVAIS

——

Depuis le premier évêque saint Lucien, qui prêcha le christianisme dans le pays des Bellovaques ou Beauvaisis au milieu du IIIe siècle, et fut martyrisé à Montmille, 91 prélats occupèrent le siège épiscopal jusqu'à la Révolution.

Les premiers de ces évêques étaient nommés par les fidèles réunis aux prêtres du diocèse ; seulement, à partir du IXe siècle, le consentement du métropolitain de Reims était nécessaire pour la validation des élections, qui se faisaient d'ailleurs avec une grande liberté. Au XIIe siècle, les chapitres des églises cathédrales cherchèrent à s'emparer des élections, comme le prouve le 2ᵉ Concile de Latran, tenu à Rome en 1139 et qui s'opposa à ces tentatives.

Peu de temps après, cependant, les chanoines étaient seuls en possession de nommer les évêques. Ils y procédaient, soit par inspiration ou acclamation, par compromis ou délégation donnée à un ou plusieurs membres du chapitre, ou simplement au scrutin. C'était cette dernière forme qui était la plus usitée.

Le jour où ils se réunissaient, et avant tout, les chanoines, après avoir imploré le Saint-Esprit pour qu'il leur inspirât un choix convenable, se confessaient et recevaient l'Eucharistie. Ils prêtaient devant le doyen du chapitre un serment dont voici la formule : « Je jure au Dieu tout puissant et « à saint Pierre et saint Paul de choisir le « pasteur que je croirai le plus capable « de rendre des services au spirituel et au « temporel, et de ne pas donner ma voix à « ceux que je saurais avoir cherché à se « procurer des suffrages par promesses, « dons, prières ou de tout autre manière. » De quelque façon que se fît l'élection, elle devait recevoir la confirmation du métropolitain, du pape et parfois du roi lui-même.

La première pragmatique sanction, attribuée à saint Louis, mais dont l'authenticité a été contestée, en même temps qu'elle sévissait « contre le crime pestilentiel de « la simonie » (trafic des choses saintes), ordonnait que les églises cathédrales et autres aient de libres élections avec leurs effets dans leur entier.

Le pape Jean XXII, ce pontife d'Avignon qui avilit la papauté par son avidité, ses persécutions et ses basses complaisances à l'égard de la France, prétendit un beau jour réserver exclusivement au Saint-Siège la nomination des évêques. Le Concile de Bâle, en 1431, rétablit les élections, et la pragmatique sanction de Bourges, que rendit Charles VII en 1431, ordonna formellement que les évêques fussent canoniquement élus dans les églises cathédrales. Mais les rois de France et les papes, qui n'avaient qu'un droit de confirmation, ne s'en contentèrent pas, et, d'ailleurs, ils ne se trouvaient pas toujours d'accord. Sous François Ier, en 1516, intervint un *concordat* ou transaction entre ce monarque et Léon X (J. de Médicis), qui supprima les élections canoniques ainsi que la confirmation du métropolitain. Le pape et le roi se réservèrent de cette manière la nomination, non seulement des évêques et archevêques, mais également celle des abbés, chefs des monastères. Il y eut d'énergiques protestations de la part des chapitres, qu'on privait de leurs droits séculaires qu'ils avaient usurpés sur les fidèles, il est vrai, mais aussi des parlements et, plus tard, des Etats généraux eux-mêmes. Rien n'y fit et le Concordat fut maintenu.

Au tiers du XVIe siècle, le dernier évêque élu par le chapitre, Charles Villiers de l'Isle-Adam, occupait le siège de Beauvais ; il mourut en 1535 et le roi-chevalier, usant des droits que lui donnait le Concordat, y nomma *Odet de Coligny,* de la grande famille des Châtillon, le frère aîné de l'amiral, le neveu du connétable de Montmorency. Ce jeune seigneur, cardinal à dix-huit ans, en avait alors vingt, et possédait déjà l'archevêché de Toulouse ; mais il lui préféra le siège de Beauvais, à cause de la comté-pairie. Il obtint successivement de François Ier la commende des abbayes de Saint-Lucien, de Saint-Germer-de-Fly et de sept autres riches monastères. L'abbé commendataire touchait les deux tiers des revenus des abbayes et ne s'occupait guère de ses religieux, que gouvernait un prieur claustral et qu'il réduisait à une maigre mense monacale. Tous ces avantages dont François Ier favorisait le cardinal de Châtillon venaient de son désir d'être agréable à une famille puissante dont il recherchait l'amitié ; le roi, faisant *trafic des choses saintes,* n'était en réalité qu'un simoniaque.

Cette simonie, conséquence toute naturelle du concordat de 1516, se continua plus scandaleusement encore dans les siècles suivants. La feuille des bénéfices sous Louis XIV et Louis XV, que tenait le grand aumônier, permettait ainsi d'accorder, aux dépens des diocèses et monastères, de fastueuses faveurs pécuniaires aux courtisans ; on donnait même les commendes des abbayes et prieurés à des laïques. Les gros évêchés surtout n'étaient accordés qu'à la noblesse ; les prêtres plébéiens, malgré leurs vertus, ne pouvaient espérer que de pauvres diocèses. Saint-Simon, avec son dédain de grand seigneur et dans son style imagé et si personnel, appelait ces pauvres sires des *évêques crottés* et des *cuistres violets*. Pour qu'un homme non titré pût obtenir un diocèse convenable, il lui fallait un mérite supérieur ou bien qu'il fût l'un des maîtres de l'éloquence sacrée.

C'est ainsi que Huet, Bossuet, Mascaron, Massillon et Fléchier devinrent évêques d'Avranches, de Meaux, de Tulle, de Clermont-Ferrand et de Nîmes. Et encore ces diocèses n'étaient pas des meilleurs ; de plus, les quatre premiers de ces prélats appartenaient à des familles de la haute bourgeoisie ou de la magistrature, à la robe comme on disait alors. Fléchier, seul, était le fils d'un artisan. Il est vrai que Dubois,

qui devint cardinal et obtint l'archevêché
de Cambrai, le siège que Fénelon avait
illustré par son génie et ses vertus, avait
été domestique, mais l'on sait que les faveurs dont le régent le combla n'étaient
pas dues aux vertus chrétiennes du cardinal. Quant à Fleury, évêque de Fréjus,
qu'il ne faut pas confondre avec l'abbé
Fleury, l'écrivain religieux, c'était un très
honnête homme, d'ailleurs, et un prélat
vertueux ; il appartenait à la petite noblesse, quoique son père fût simplement
receveur des décimes à Lodève. Mais il dut
ces avantages et, plus tard, le poste de
premier ministre, ainsi que la pourpre
romaine, à ce qu'il avait été précepteur de
Louis XV. Sans largeur dans les idées,
d'une économie sordide, d'une politique
étroite, d'un esprit conservateur craintif
jusqu'à y sacrifier les intérêts et la dignité
de la France, il mérita bien l'épitaphe ci-
dessous, qu'on attribue à Maurepas :

> Ci-gît qui, loin du faste et de l'éclat,
> Se bornant au pouvoir suprême,
> N'ayant vécu que pour lui-même,
> Mourut pour le bien de l'Etat.

Mais revenons à notre sujet, dont nous
nous sommes singulièrement écarté. Il y
eut sur le siège de Beauvais 53 évêques
élus par les fidèles ; parmi ces prélats, il
convient de citer, après *saint Lucien,*

Constantin II et *Hildeman,* qui furent canonisés ; *Hervé,* qui jeta les fondements du chœur de la cathédrale, et *Roger de Blois.* Parmi les 27 évêques qui suivirent et que nommait le chapitre avec l'agrément du métropolitain de Reims, se distinguent : *Henri de France,* fils de Louis-le-Gros et frère de Louis VII ; *Philippe de Dreux,* le héros de Bouvines ; *Miles de Nanteuil, Simon de Nesles, Jean de Marigny, Jean de Dormans, Pierre Cauchon,* le juge inique de Jeanne d'Arc ; *Juvénal des Ursins, Guillaume de Hellande* et enfin *Louis Villiers de l'Isle-Adam,* le dernier évêque élu.

Le premier évêque concordataire fut, nous l'avons dit plus haut, le fameux *Odet de Coligny, cardinal de Châtillon.* En 1572, le siège était occupé par un oncle de Henri IV, le cardinal *Charles de Bourbon,* qui, après avoir permuté avec Nicolas Fumée, évêque du Mans, fut proclamé *roi de France* par la Ligue, sous le nom de *Charles X,* après l'assassinat d'Henri III. Il mourut en 1590, trois ans après l'abjuration de son neveu.

Après *Nicolas Fumée,* qui contribua à la conversion d'Henri IV et qui résida peu, l'évêché eut successivement pour titulaires les deux frères *René* et *Augustin Potier,* qui appartenaient à une très ancienne famille parlementaire ; le premier était souvent à Paris pour les affaires du royaume et le second, grand aumônier de Marie de Médicis, fut quelque temps ministre d'Etat avant Mazarin. Puis vinrent le vertueux *Nicolas Choart de Buzenval,* neveu de ses deux prédécesseurs et le fondateur du Bureau des Pauvres ; le cardinal *Forbin de Janson,* d'une illustre maison de Provence, plus diplomate qu'évêque et dont le tombeau et la statue sont dans la cathédrale ; *Beauvilliers de Saint-Aignan,* objet d'un singulier propos dans les mémoires de Saint-Simon. Son successeur fut *René Potier de Gesvres,* fils du duc de Tresmes, qui appartenait à la famille des Potier et qui reçut, en 1756, le chapeau de cardinal. Après lui, le siège fut occupé par Mgr *François de la Rochefoucauld-Bayers,* d'une branche collatérale de cette illustre maison, et qui fut massacré à Paris dans les journées de septembre 1792. C'est le dernier évêque dont nous avons à nous occuper, pour rester dans les limites du programme de nos causeries sur le Beauvaisis.

Antérieurement au XII° siècle, c'est-à-dire pendant qu'il n'y avait que des évêques élus par les fidèles, ces prélats n'étaient que de simples chefs ecclésiastiques, des *inspecteurs,* suivant la véritable étymologie du titre épiscopal.

Mais, plus tard, ils devinrent de hauts

et puissants seigneurs : *vidames de Gerberoy, comtes de Beauvais* et *pairs du royaume,* rien que cela !

Les rois de la 3° race s'entourèrent de *douze pairs,* personnages considérables qui leur formaient un conseil. Il y avait six pairs laïcs, tous grands vassaux de la couronne : les ducs de Normandie, de Bourgogne et de Guyenne, les comtes de de Flandre, de Champagne et de Toulouse, et enfin six pairs ecclésiastiques : l'archevêque-duc de Reims, les évêques-ducs de Laon et de Langres, les évêques-comtes de Beauvais, de Châlons et de Noyon. Au sacre des rois de France, l'évêque-comte de Beauvais portait le manteau royal. Les pairs ecclésiastiques étaient vassaux immédiats du duché de France; c'est ce qui explique pourquoi, à l'exception de l'archevêque de Reims, et quoique pairs du royaume, ils étaient inférieurs, en dignités ecclésiastiques, aux métropolitains de Lyon, de Bordeaux et de Toulouse.

Avant 1789, il n'y avait pas séparation de l'Eglise et de l'Etat, quoi qu'on en ait dit ; au contraire, le concordat de François Ier avait fait de l'Eglise de France la véritable vassale de la couronne et de la tiare. Quant aux fameux quatre articles proclamés solennellement par l'assemblée du clergé, en 1682, ils n'avaient réellement pour but que d'atteindre le Saint-Siège ; et les prétendues libertés de l'Eglise gallicane ne lui en conféraient aucune vis-à-vis du pouvoir royal. Seulement, sous l'ancien régime, les évêques et le clergé ne touchaient aucun traitement de l'Etat. Les prélats jouissaient des revenus propres des évêchés, provenant des dons faits antérieurement par les fidèles. L'évêque-comte de Beauvais réunissait aux produits des domaines de son diocèse, ceux du comté de Beauvais et du vidamé de Gerberoy, qui étaient très importants. Cependant, sous Henri IV, le revenu de l'évêché, fort réduit par suite des troubles de la Ligue, n'était que de 19,000 livres (ce qui ferait 60,000 fr. aujourd'hui); de plus, il était grevé de trois fortes pensions qu'on devait payer aux amis du roi, entre autres au duc de Roquelaure : toujours de la simonie. Plus tard, sous Louis XIV et Louis XV, les évêques de Beauvais joignirent aux revenus du siège ceux de riches abbayes dont ils étaient commendataires. Les derniers évêques de Beauvais étaient d'ailleurs fort charitables et généreux, et Mgr de Gesvres, qui occupa le siège de 1728 à 1772, employait en œuvres de bienfaisance la majeure partie de ses bénéfices dans les commendes des abbayes de Saint-Etienne de Caen, Notre-Dame d'Ourscamp, Saint-Vincent de Laon et Saint-Lambert de Soissons, qu'il avait obtenues de Louis XV.

Nous parlerons sans doute plus tard, après nous être occupés des évêques, du diocèse lui-même, en indiquant ses limites et son importance sous l'ancien régime. Nous pourrons aussi entretenir nos leclecteurs des fréquents conflits qui surgissaient entre Mgr de Beauvais, le chapitre de Saint-Pierre, la ville et même les officiers royaux du baillage présidial, à propos des droits de justice et de police qu'ils réclamaient les uns et les autres.

LE MARÉCHAL DE BOUFFLERS

GRAND BAILLI D'ÉPÉE DE BEAUVAIS

—

Le baillage présidial de Beauvais, dont nous aurons l'occasion de dire quelques mots dans une autre causerie, fut institué par édit de décembre de 1580 du roi Henri III. A côté des magistrats du présidial, ou mieux à leur tête, se trouvait un grand bailli d'épée dont les attributions judiciaires étaient nulles et qui avait des fonctions plutôt militaires ; il commandait le ban et l'arrière-ban (1), convoquait la

---

(1) On appelait *ban* tous les propriétaires de fief qui devaient le service militaire, et *arrière-ban* les milices communales et les arrière-vassaux. Sous Henri III, l'armée régulière était encore sans importance et l'on recourait souvent au système féodal militaire des bans et arrière-bans.

noblesse du baillage dont il était regardé comme le chef naturel. En 1582, c'est-à-dire deux ans après l'institution du présidial, le roi confia la dignité de grand bailli d'épée à Adrien II de Boufflers, qui résidait à Cagny (aujourd'hui Crillon), et commandait la noblesse du Beauvaisis à la bataille de Montcontour. Le titre resta dans cette maison jusqu'au dernier des gentilshommes de ce nom. Après Adrien, son fils François Ier de Boufflers, son petit-fils François II et son arrière-petit-fils Louis-François furent successivement grands baillis d'épée. C'est de ce dernier que nous allons parler, car Louis-François devint plus tard le fameux *maréchal duc de Boufflers,* l'une des illustrations militaires les plus pures et les plus glorieuses du règne du grand roi et de tous les temps, peut-être.

Louis-François de Boufflers est né le 10 janvier 1644; connu d'abord sous le nom de chevalier de Boufflers, il entra comme cadet au régiment des gardes en 1662, alla l'année suivante au siège de Marsal, à l'expédition de Gigelli (1664), fit, sous le duc de Beaufort, les campagnes de Flandre (1667), suivit le maréchal de Créquy à la conquête de la Lorraine (1670), servit sous Turenne et l'accompagna dans ses campagnes des bords du Rhin. Il s'y distingua à la tête de l'arrière-garde, dans la retraite que l'armée française dut faire devant les

Impériaux que commandait Montécuculli. Successivement brigadier de dragons (1673), maréchal de camp (1677), colonel général des dragons (1678), il fut promu lieutenant général le 15 octobre 1681. Dès le commencement de la guerre contre la Ligue d'Augsbourg, il s'empara de Kaiserlautern, de Worms et de Mayence, chassa l'ennemi des environs de Trèves et contribua au gain de la bataille de Fleurus (1690) en amenant en temps utile un secours de six mille hommes au maréchal de Luxembourg. Blessé au siège de Mons (1691), il investit Namur (1692), prit une grande part à la victoire de Steinkerque la même année et reprit Furnes, occupé par les ennemis. Colonel des gardes françaises (1692), il fut nommé maréchal de France le 27 mars 1693 et créé duc, deux ans plus tard, en considération de sa belle défense de Namur (1695) où, pendant soixante-trois jours, il se défendit contre les forces réunies des Anglais, des Hollandais et des Impériaux, que commandait le roi d'Angleterre, Guillaume III.

Louis XIV chargea, en 1701, le duc de Boufflers de reprendre diverses places des Pays-Bas espagnols dont les troupes hollandaises s'étaient emparées ; il y réussit et, en peu de jours, Luxembourg, Namur, Charleroy et Ostende furent occupés par lui. Vainqueur au combat d'Eckeren (1703), il reçut du roi d'Espagne, Philippe V, l'ordre de la Toison d'Or.

En 1708, la France était dans une situation terrible, elle n'essuyait que des revers. Après avoir perdu l'Allemagne par la bataille d'Hochstedt, elle venait de perdre les Pays-Bas par celles de Ramillies et d'Oudenarde. La frontière même du royaume fut franchie par l'ennemi. Le prince Eugène et Malborough commandaient l'armée coalisée, de plus de 120,000 hommes, et ces deux illustres généraux étaient autrement capables que les maréchaux français. Condé, Turenne, Luxembourg étaient morts et le vieux roi Louis XIV donnait le commandement de ses troupes à des courtisans comme le duc de Villeroy, valet plein de présomption, qui s'était fait battre honteusement en Italie et à Ramillies. Lille fut bientôt entourée et mal protégée par l'armée française que commandaient le timide duc de Bourgogne, petit-fils du roi, et le duc de Vendôme, qui se jalousaient et ne parvenaient pas à s'entendre.

Boufflers était gouverneur de la Flandre, mais depuis cinq ans sans commandement. Il restait à Versailles, inutile à l'État et profondément affligé de ses revers, car il était, dit Saint-Simon, « *pétri d'honneur,* « *de valeur, de probité et d'amour de la* « *Patrie* », et Saint-Simon n'est pas suspect quand il donne des éloges, car il ne les prodigue pas dans ses Mémoires. Comprenant la situation, Boufflers se douta que le but des ennemis était Lille, il demanda au roi de se jeter dans la place. Il fut loué, mais éconduit ; l'étiquette ne permettait pas qu'un maréchal de France pût faire office de gouverneur de ville. Boufflers persista en sautant à pieds joints par-dessus sa « dignité ». On n'avait pas d'argent à lui donner, il trouva à Paris 100,000 livres sur sa terre de Cagny et emprunta en Flandre plus d'un million. Arrivé à Lille, il renforça la garnison par l'adjonction de 3,000 jeunes gens dont il fit bien vite de vieux soldats.

Par sa vigilance, son activité, il devint bientôt l'idole des soldats et des bourgeois. Plusieurs fois blessé, il cachait ses blessures pour rester à la tête des défenseurs de la ville, mais un jour il fut atteint très grièvement au bras et à la tête ; il voulut sortir de sa chambre, mais sa maison fut investie, il fut menacé par les cris des soldats qui lui dirent qu'ils quitteraient leur poste s'ils le revoyaient de vingt-quatre heures. Il est impossible de raconter la défense opiniâtre de Lille, où chaque pouce de terrain fut disputé, où chaque jour vit une chaude affaire. Pour s'en rendre bien compte, il faut lire la vie du *prince Eugène* qui, avec Malborough, commandait l'armée assiégeante. Le prince y fait le plus magnifique éloge de Boufflers, et cet éloge n'est pas peu de chose, venant d'un pareil adversaire. La ville résista près de trois mois ; des brèches étant ouvertes de tous côtés, on manquait de vivres ; le maréchal demanda à capituler ; le prince Eugène ne fit à Boufflers d'autres conditions que de lui promettre de signer celles qu'il proposerait lui-même. « *C'est pour vous marquer, monsieur le Maréchal, lui écrivit-il, ma parfaite estime pour votre personne, et je suis sûr qu'un galant homme comme vous n'en abusera pas. Je vous félicite de votre belle défense.* »

Le maréchal, après avoir quitté la place, se retira dans la citadelle d'où il fit des sorties fréquentes ; le prince Eugène quitta Lille en confiant la continuation des opérations au prince de Wurtemberg. Quand il revint un mois après, quel changement ! le brave Boufflers avait profité de son absence pour s'emparer du chemin couvert. Eugène le fit reprendre ainsi que d'autres postes que le maréchal avait occupés ; il lui écrivit : « *Vous êtes abandonné, monsieur le Maréchal ; l'armée française s'est retirée vers Tournay, l'électeur de Bavière vers Namur, les princes à la cour. Ménagez votre personne et votre brave garnison, je signerai encore tout ce que vous voudrez.* » Il répondit : « Rien ne presse encore ; permettez-moi de me défendre le plus longtemps que je pourrai ; il me reste assez d'ouvrage pour mériter encore davantage l'estime de l'homme que je respecte le plus. » Le prince Eugène fit donner l'assaut au deuxième chemin couvert et l'emporta. Louis XIV écrivit alors au maréchal de se rendre ; celui-ci hésita quelques jours encore et ce ne fut que le 8 décembre qu'il envoya au prince Eugène tous les articles qu'il désirait qu'il signât, ce que fit celui-ci sans aucune restriction. Dans ses mémoires, le prince ajoute : « J'allai bien vite, avec le prince d'Orange, lui rendre visite et véritablement hommage à son mérite. Je l'embrassai très cordialement et acceptai un souper, ce à condition, lui dis-je, que ce serait un souper de citadelle affamée. »

Lille était perdue, mais la France avait gagné une année. Cette défense héroïque marqua, en effet, le terme, sinon de nos malheurs, du moins de nos revers pendant quelque temps.

L'Europe entière admira cette énergique résistance de près de quatre mois ; elle permit au pays de s'armer et l'ennemi ne dépassa pas la frontière de la Flandre.

Nous pouvons comparer la conduite de Bazaine au siège de Metz, en 1870, avec celle du grand bailli de Beauvais à Lille, en 1708. Quelle différence ! Et cependant

Bazaine, à Metz, pouvait lire sur le piédestal de la statue du maréchal Fabert, sur la place d'armes, ces belles et énergiques paroles : « S'il fallait, pour sauver la place « qui m'a été confiée par mon roy, faire le « sacrifice de ma fortune, de ma vie, celle « de ma femme et de mes enfants, je n'hé- « siterois pas. »

Le roi Louis XIV érigea, la même année, le duché de Boufflers en duché-pairie. Quelques années auparavant, il avait donné au maréchal sa statue équestre, fondue par Keller, d'après le modèle de Girardon, qui fut édifiée dans la cour d'honneur du château de Boufflers (aujourd'hui Crillon). C'est cette même statue qui fut placée sur la place de l'Hôtel-de-Ville de Beauvais, inaugurée le 10 août 1788 et brisée en 1793.

La carrière militaire du maréchal, malgré son âge et ses blessures, n'était pas terminée encore. Il devait l'illustrer une dernière fois l'année suivante, à Malplaquet (11 septembre 1709). Quoique le doyen de dix ans de Villars comme maréchal de France, il demanda à servir sur ses ordres. « S'il arrivoit malheur à votre général en chef, dit-il au roi, votre armée seroit ruinée et la France avec elle. » « Aucun de vos aides-de-camp, écrivit-il à Villars, n'exécutera vos ordres avec plus d'empressement et de plaisir que moi. »

Quel contraste avec quelques-uns de ces maréchaux du premier et du second empires, qui se jalousaient et qui, parfois, sacrifièrent le salut de l'armée plutôt que d'aider un collègue.

Les deux maréchaux, aux acclamations des soldats, marchèrent dans le plus complet accord. L'armée ennemie, que commandaient le prince Eugène et Malborough, était forte de 120,000 hommes de vieilles troupes bien pourvues de tout. L'armée française n'avait que 80,000 hommes, beaucoup de jeunes soldats et pas de ressources. La noblesse de cour, dans ces circonstances critiques, ne témoignait qu'un médiocre dévouement, elle paradait à Versailles, pendant que les paysans et les petits gentilshommes de province allaient se faire tuer à la frontière, et quand elle paraissait à l'armée ce n'était que pour y porter le découragement et le désordre. « Je veux espérer que je retrou-
« verai des hommes, disait Villars ; mais,
« jusque-là, je n'en *ai reconnu que dans*
« *le soldat*. C'est une merveille que sa
« vertu et sa fermeté à souffrir la faim, au
« contraire, les officiers généraux tiennent
« de mauvais discours et fort propres à
« à détruire l'audace qui est dans le soldat
« et que je fais tout encore aujourd'hui pour
« réveiller dans l'officier. » (Mémoires de Villars.)

Les mouvements de l'armée française étaient continuellement gênés par le manque de vivres. « Pour donner du pain aux « brigades que je fais marcher, écrivait « Villars, je fais jeûner celles qui restent.»

Enfin, les Français se trouvent devant l'ennemi, couvert par 140 pièces de canon. L'armée française manquait de pain depuis deux jours et on faisait une distribution de vivres quand le canon ennemi se fit entendre. Aussitôt ces milices, tirées la veille de la charrue, jetèrent leur pain avec des cris de joie et coururent au combat. La bataille fut terrible. Villars était à la gauche, Boufflers à la droite ; mais le premier ayant été blessé grièvement dans une charge où il enleva 30 canons, l'aile gauche plia. Boufflers, qui prit le commandement général, dut, après des efforts héroïques pendant quatre heures, se résigner à ordonner la retraite. L'ennemi avait fait d'énormes pertes : 26,000 morts couvraient le champ de bataille, dont 18,000 ennemis (Impériaux et Anglais). Les Français n'avaient laissé ni drapeaux, ni artillerie, ni prisonniers et leur retraite se faisait dans le plus grand ordre, sous le canon du Quesnoy et de Valenciennes.

La bataille de Malplaquet fut perdue, mais si glorieusement qu'elle releva le moral de l'armée française. Villars et Boufflers écrivirent au roi Louis XIV en

lui disant : « Si Dieu nous fait la grâce de
« perdre encore une pareille bataille, V. M.
« peut compter que les ennemis seront
« détruits. »

Mme de Maintenon, dans une lettre qu'elle
adressa au duc de Noailles, s'exprima ainsi
sur la conduite du maréchal de Boufflers
à Malplaquet : « *Point de régiment à la*
« *tête duquel il n'ait donné ; il alloit à la*
« *charge avec la férocité d'un lion et*
« *donnoit ses ordres avec le sang-froid*
« *d'un philosophe en robe de chambre.* »

La veille de la bataille, Villars dit au
vieux Boufflers : « Monsieur le Maréchal,
« je vais donner pour mot d'ordre, à l'ar-
« mée, votre nom et celui de la ville qui
« vous a immortalisé », et le mot fut :
« *Louis-François* et *Lille*. »

Le maréchal de Boufflers prit définiti-
vement sa retraite après la campagne et
se partagea entre son château de Boufflers
et sa maison de Fontainebleau, où il mourut le 22 août 1711, à l'âge de 67 ans. Son
cœur, rapporté à Boufflers, y fut inhumé.
Dans le chœur de l'église de Crillon, on
voit encore une plaque de marbre noir
où est gravée une inscription funéraire en
latin à la mémoire du duc de Boufflers.

Les habitants de la ville de Beauvais
avaient toujours eu les meilleurs rapports
avec leur grand bailli d'épée ; aussi, quand
ils apprirent sa promotion au maréchalat,

le corps de ville, c'est-à-dire le maire, les pairs et échevins, le procureur et l'avocat de la commune se réunirent, dans les premiers jours d'avril 1693, et adressèrent leurs félicitations au nouveau maréchal, qui leur répondit la lettre suivante : (Archives de la ville.)

« Lille, ce 22ᵉ avril 1693.

« Messieurs, j'ai receu la lettre que vous
« avez eu la peinne de m'écrire au subjet
« de la grâce qu'il a pleu au Roy de me
« faire au m'honorant du baston de mares-
« chal. Je vous suplie de croire que je suis
« très sensible à toutes les honnestetés et
« aux marques que vous me donnez de
« vostre amitié en cette occasion. C'est de
« quoy je vous conjure d'être bien persua-
« dez que ie profiterez avec plaisir des
« occasions de vous en témoigner ma re-
« connoissance et de vous faire connoistre
« que je suis très véritablement
          « Votre très affectionné serviteur,
          « Le Mareschal DE BOUFFLERS. »

Boufflers ne fut pas un grand homme de guerre comme Turenne, Condé ou Napoléon, mais dans sa carrière si bien remplie, il fit preuve de toutes les qualités d'un excellent général et des vertus d'un honnête homme. Sa modestie était extrême et il a mérité l'épithète que saint Simon créa pour Vauban : *C'était un patriote!* Cependant il n'est pas aussi connu qu'il mériterait de l'être ; il semble que sa modestie lui ait survécu.

La ville de Lille a donné son nom à l'une de ses rues, Beauvais n'a pas oublié son grand bailli d'épée ; il y a la rue du Maréchal-de-Boufflers, dans le quartier Saint-Jean ; son nom est donné également à deux rues à Crillon et à Songeons. Ce qu'il y a d'étrange, c'est que, lorsque l'on a débaptisé les casernes de Beauvais de leurs anciens noms de Saint-Jean et Saint-François, on leur a donné ceux de deux généraux beauvaisins fort obscurs, comme il y en a eu des milliers sous la République et l'Empire, et qu'on n'a pas pensé à la véritable illustration militaire du Beauvaisis, au maréchal de Boufflers, qui tient à notre cité par tant de liens, au héros de Lille et de Malplaquet, au patriote qui grèva son domaine pour la défense de la patrie, qui fit ainsi des dettes qu'*on ne lui remboursa pas* et qui amenèrent la ruine de sa maison.

Comme général et comme homme, Boufflers peut être donné comme modèle à l'armée. Mais Boufflers était duc et pair, cela a dû troubler les bureaucrates du ministère de la guerre. Ces titres, il ne les devait qu'à son mérite cependant, car, mieux que personne, Boufflers pouvait porter la plaque de l'ordre militaire de Saint-Louis et sa fière devise : « *Bellicæ* « *virtutis præmium.* »

LES TAPISSERIES

DE LA

CATHÉDRALE DE BEAUVAIS

Il a été beaucoup parlé, depuis quelque temps, des tapisseries de la Cathédrale. Nous allons à notre tour en entretenir nos lecteurs, mais uniquement pour en dire quelques mots, au courant de la plume, pour ceux qui ne connaissent pas ces remarquables richesses décoratives.

L'on nous affirme que les curieux et les amateurs auront toutes facilités pour les visiter et les admirer à loisir, quel que soit l'édifice où on les a suspendues ; c'est là le principal pour le public et pour nous. Le reste n'est pas notre affaire et nous nous garderons bien de mettre le doigt entre l'arbre et l'écorce.

Plusieurs écrivains ont fait la description de ces tapisseries, et nous pouvons citer entre autres M. ACHILLE JUBINAL, auteur du magnifique ouvrage : *Les anciennes Tapisseries historiées de la France,* publié en 1839 ; MM. les abbés SANTERRE et BARRAUD, dont les notices ont été imprimées en 1842 et 1853, et enfin M. JULES GUIFFREY qui a fait paraître chez Mame, à Tours, en 1886, son beau livre illustré : *L'Histoire de la Tapisserie.*

C'est à tort que l'on a appelé *tapisseries* des ouvrages exécutés à l'aiguille et au point sur un canevas plus ou moins serré ; c'est plutôt une sorte de broderie fort usitée à toutes les époques, telles que les pantoufles que nous confectionnent aujourd'hui nos femmes et nos filles et dans le genre de la prétendue tapisserie à laquelle travaillait Pénélope en attendant son ambulant époux. La célèbre pièce de Bayeux n'est, en réalité, qu'une broderie au point sur canevas de lin de 70 mètres de longueur ; elle représente, comme on le sait, la conquête de l'Angleterre par Guillaume-le-Conquérant. On l'attribue, à tort ou à raison, à la reine Mathilde, femme de Guillaume. C'est une merveille pour l'exactitude des détails, des costumes et des monuments ; elle aurait donc été confectionnée dans la deuxième moitié du XIe siècle.

Les tapisseries de la Cathédrale, au contraire, sont de *véritables* tissus faits au moyen d'un grand métier de haute ou basse lisse, sur une chaîne tendue en fil avec une trame en laines de couleurs, parfois mêlées d'or. Les procédés des anciens tapissiers, malgré leurs ustensiles imparfaits, étaient à peu près les mêmes que ceux des artistes des manufactures nationales de nos jours. Nos pères savaient de plus donner aux laines des couleurs presque inaltérables, et l'on est surpris de voir l'état de conservation de tapisseries âgées de trois ou quatre siècles. Mais leur vieille chimie pratique valait mieux que nos formules savantes et nos teintures scientifiquement composées, et surtout que ces couleurs splendides dérivées du goudron de houille, qui durent *l'espace d'un matin,* comme les roses du vieux Malherbe.

Il est certain que l'emploi de la soie dans les tapisseries modernes leur donne une vivacité et une variété dans la gamme des tons, permettant d'imiter exactement les peintures modèles. Les peintres en sont enchantés, mais les vrais tapissiers en paraissent moins satisfaits, car elles perdent assez vite leur brillant et leur éclat, et l'ensemble s'en trouve altéré au bout de quelques années. La laine a moins de vivacité, mais elle conserve ses couleurs bien plus longtemps.

Après ce préambule, revenons aux tapisseries de la Cathédrale qui appartiennent à trois époques différentes : aux XVe, XVIe et XVIIe siècles.

Les premières, établies par des tapissiers flamands ou artésiens, ont été données à l'église par l'évêque Guillaume de Hellande, qui occupa le siège de Beauvais de 1444 à 1462. Les deuxièmes sont de la première moitié du XVIe siècle ; elles ont été faites par des ouvriers d'Arras, sur la demande du chapitre et des évêques Antoine de Tende et Charles de Villiers de l'Isle-Adam. L'une d'elles porte la date de 1530, ce qui est précis. Les tapisseries du XVIIe siècle proviennent de la manufacture royale de Beauvais, qui avait alors pour directeur un artiste d'une grande activité et d'un grand mérite, Philippe BEHAGLE ou Behagel, pour conserver son nom flamand. Il était originaire d'Audenarde, près Gand, et le roi Louis XIV le fit venir à Beauvais en 1684 ; il mourut en 1704. Ces derniers tissus furent commandés par le chapitre, le cardinal de Forbin-Janson ou plutôt par ses grands vicaires, les abbés de Mornay et Lefebvre d'Ormesson, car le cardinal ne résidait guère et passait son temps en ambassade, soit en Pologne, soit à Rome. Si ce n'était manquer de respect à S. E., nous dirions que c'était un évêque Benoîton, car il n'était jamais chez lui. Le roi en donna quelques-unes sans doute, ainsi que de riches beauvaisins ou beauvaisines. En résumé, les tapisseries de la Cathédrale se composent : 1° des sept pièces de Guillaume de Hellande ; 2° des cinq pièces du XVIe siècle ; 3° des huit pièces du XVIIe siècle, provenant de Beauvais. Il y a, en outre, une autre tapisserie flamande du XVIe siècle dont on ne connaît pas l'origine et quatre pièces du XVIIe siècle représentant les batailles d'Alexandre, d'après Lebrun, et qui ont été données à la Cathédrale il y a une quarantaine d'années. Il paraît que quelques-unes sont en assez mauvais état.

Examinons maintenant ces diverses tapisseries avec plus de détails. Celles léguées à l'église par le testament de Guillaume de Hellande, daté du 21 décembre 1461, étaient primitivement au nombre de *dix;* il n'en reste que *sept.* On ne trouve aucune trace de l'une d'elles ; une autre fait partie, dit-on, des collections d'un riche Anglais ; la troisième est au musée de Cluny. Elle a été achetée, il y a bien longtemps, à la vente après décès d'un chanoine de Beauvais, qui l'avait fait porter à son domicile et qui mourut avant de l'avoir restituée. Le chapitre et les marguilliers n'y attachaient pas grande importance, sans doute. C'est sur la tapisserie *dont on ne trouve plus traces* que se trouvait la légende versifiée dont il est question dans l'ouvrage du chanoine Godefroy Hermant : *Histoire civile et ecclésiastique de la ville et du diocèse de Beauvais,* ouvrage qui n'a pas été imprimé mais dont il existe plusieurs copies manuscrites, dont une dans la bibliothèque de la ville, qui lui a été donnée par M. Mathon. Voici le texte de cette légende, d'après Hermant ; elle rappelle les circonstances et l'époque de l'exécution des tissus :

. . . .

Maistre Guillaume de Hellande
Fut fait évesque de Beauvais.

. . . .

Icelui pasteur vénérable,
Meu d'une vertueuse plante
L'an mil quatre cent soixante,
Fit faire de bonne durée
Ce tapis où est figurée
La belle vie de Saint-Pierre.
Il a revestu mainte pierre
En ce chœur. Dieu qui est paisible
Lui doint (donne) vesture incorruptible.

Quatre de ces tapisseries sont à 3, 4 et 5 compartiments, représentant chacun un tableau différent ; les trois autres ont un tableau unique et toutes ont pour sujets divers épisodes de la vie de saint Pierre, patron de la Cathédrale ; une seule représente le supplice de saint Paul. La pièce qui est au musée de Cluny a pour sujet : *Saint Pierre sortant de la prison d'Hé-*

rode. Toutes ces tapisseries portent dans les angles les armes de Guillaume de Hellande et celles de l'évêché. On y remarque encore le mot : *Paix*. Cette bonne paix était, en effet, bien désireuse au milieu du XVᵉ siècle, dans nos malheureux pays, où la guerre faisait rage depuis bien longtemps.

Les tapisseries du XVIᵉ siècle, qui, pour nous, sont les plus intéressantes, sont au nombre de cinq ; elles représentent quelques-uns des anciens rois des Gaules, rois absolument imaginaires, qui auraient régné dans nos pays depuis le déluge jusque quelques années après le siège de Troie. Ces illustres et fantastiques monarques seraient les descendants de Noé et d'Hercule.

1ʳᵉ TAPISSERIE (2 compartiments). — Le 1ᵉʳ, c'est *Samothès*, 1ᵉʳ roi des Gaules et fils de Japhet qui régnait, dit la légende inscrite sur la tapisserie, 2813 ans avant Jésus-Christ, c'est-à-dire 174 ans après le déluge qui, suivant les chronologistes sacrés, doit avoir eu lieu 2897 ans avant Jésus-Christ. Le fond du tableau est le panorama de la Gaule ; près de l'embouchure du Rhône, on remarque un navire à l'ancre d'où Samothès vient de débarquer. Le 2ᵉ compartiment est consacré à *Celte*, 9ᵉ roi des Gaules. C'est de ce prince que viendrait le nom de Celtique donné à la moitié occidentale des Gaules. Au fond, une ville aux vastes édifices.

2e TAPISSERIE (sujet unique). — *Hercule de Lybie,* 10° roi des Gaules, avec la cité d'Alise et ses forts.

3e TAPISSERIE. — 1er compartiment : *Galathès,* 11e roi des Gaules, au milieu du panorama de la Gaule entière, véritable carte géographique. — 2e compartiment : *Lugdus,* 13e roi des Gaules ; au fond, la ville de Lyon (Lugdunum), dont il est le fondateur, et le confluent de *Rosne* et *Sone*.

4e TAPISSERIE. — 1er compartiment : *Belgius,* 14e roi des Gaules. Derrière le personnage principal on voit la ville de Beauvais (Belvagum au X° siècle) dont il serait le fondateur. On remarque la cathédrale en construction, avec les engins destinés à élever les pierres des transepts (c'est en cet état que se trouvait l'édifice quand la tapisserie fut tissée) ; à côté, le palais épiscopal et ses deux grosses tours et probablement l'église Notre-Dame-du-Châtel. Au loin, la ville de Clermont, son église et son château-fort. Ce compartiment est fort intéressant pour nous autres Beauvaisins. D'après la légende du bas du tableau, Belgius aurait régné 1587 ans avant Jésus-Christ. — 2e compartiment : *Jasius, 15°* roi. A côté de lui, *Dardanus,* son frère, qui vient de le tuer ; derrière, deux hommes d'armes. Dans l'éloignement, la ville de Troie où Dardanus se réfugie après son crime. — 3ᵉ compartiment : *Paris,* 18ᵉ roi des Gaules. Ce n'est pas *Pâris,* le bellâtre, l'irrésistible fils de Priam et le séducteur d'Hélène, c'est *Paris,* le fondateur de la ville de Paris que l'on voit au fond du tableau avec Notre-Dame.

5ᵉ TAPISSERIE. — *Remus* et *Francus,* 23ᵉ et 24ᵉ rois des Gaules. A côté d'eux, la fille de Remus et divers personnages. La scène se passe sous les murs de Reims (Remorum civitas) dont Remus serait le fondateur.

L'excellent chanoine Barraud, dans sa notice de 1853, décrit longuement les tapisseries de Guillaume de Hellande et celles du XVIᵉ siècle. Il montre, pour les premières, une science profonde en hagiographie, mais ses appréciations artistiques et archéologiques sont quelque peu contestables. Il gémit sur l'imperfection du dessin, le manque d'expression des visages, les fautes grossières de perspective, etc ; il trouve cependant, sous ces rapports, un peu de progrès dans les tapisseries du XVIᵉ siècle qu'il dénomme, bien à tort, suivant nous, tapisseries de la Renaissance. C'était bien l'époque de la Renaissance au point de vue chronologique, mais c'est tout. En 1530, le nord de la France n'avait pas encore ressenti l'influence italienne et le dessin des tapisseries est ce qu'il doit être : rigidité des formes, naïveté et bonhomie réunies à la richesse des costumes et des couleurs. On ne dessinait pas aux XVe et XVIe siècles comme dans les écoles de David et de M. Ingres. Quant à la perspective, à la chronologie, à l'exactitude des accessoires, les artistes de cette époque n'en avaient cure. Ils habillaient Dardanus et Belgius comme des gentilhommes de la cour de François Ier ; de même que dans l'arbre de Jessé, des vitraux de Saint-Etienne, on remarque au cou des descendants de David le collier de saint Michel sur leurs pourpoints à manches tailladées.

Il nous reste à dire quelques mots des tapisseries du XVIIe siècle. Il y a huit tapisseries faites sur les cartons de Raphaël ; naturellement, le bon chanoine les trouve bien dessinées ; évidemment, puisque le dessinateur était le grand Raphaël ! Elles viennent, comme il a été dit précédemment, de la manufacture de Beauvais ; elles ont pour sujets : *La Pêche miraculeuse, La Mort d'Ananie, Le Boîteux guéri par saint Pierre et saint Jean, Le Christ confiant son troupeau à saint Pierre, Saint Paul sur le chemin de Damas, La Conversion de Sergius Paulus, Saint Paul devant l'aréopage* et *Saint Paul et saint Barnabé à Lystre.*

Il se trouve encore trois ou quatre tapisseries du XVIIe ou XVIIIe siècle, venant de la manufacture de Beauvais. Ce sont les batailles d'Alexandre, d'après Lebrun. Nous n'en dirons rien, en terminant ici notre trop longue notice. Cependant, nous ajouterons que c'est à tort que l'on a prétendu que les tapisseries du XVIe siècle avaient été inspirées par le poème *La Franciade,* de Ronsard, dont le héros est Francus ou Francion. Les tapisseries sont de 1530 et Ronsard est né en 1528. C'est au contraire Ronsard, l'ami du cardinal de Châtillon, qui, venant fréquemment à Beauvais, a pu s'inspirer des étoffes de la Cathédrale.

En résumé, nous engageons ceux de nos lecteurs qui ne connaissent pas encore les belles tapisseries de l'église Saint-Pierre à aller les visiter. Sans doute, la courte causerie que nous venons d'écrire leur en donnera l'idée et pourra les guider quelque peu.

LES RUSSES A BEAUVAIS

———

Le 17 du mois dernier, un envoyé extra-ordinaire du Tzar a remis solennellement à M. le Président de la République le grand collier de Saint André, le plus élevé des ordres russes, celui dont l'empereur se montre habituellement décoré. C'est un témoignage éclatant des sentiments de ce monarque pour M. Félix Faure en même temps que l'expression de sa sympathie et de celle de son peuple pour la nation française. Dans les circonstances actuelles, ce n'est pas un événement indifférent, tant s'en faut.

L'on se rappelle avec quel enthousiasme les officiers de la marine russe ont été accueillis à Toulon et à Paris, il y a dix-huit mois, ainsi que pendant tout le cours de leur voyage des rives de la Méditerranée à la capitale. La France entière semblait dire aux Russes qu'elle était elle-même reconnaissante de la réception admirable faite aux officiers français à Cronstadt et à Saint-Pétersbourg l'année précédente. Tous les cœurs étaient émus et jamais nations ne se sont témoignées plus chaleureusement des sympathies récriproques fondées à la fois sur l'analogie de leurs caractères autant que sur la connexité de leurs intérêts.

Ce n'est pas la première fois que les Russes viennent officiellement en France et la ville de Beauvais a eu l'honneur de recevoir, en 1669 et 1686, les ambassadeurs moscovites ; en 1717, le tzar Pierre-le-Grand, et de les fêter à leur passage dans notre cité. Il y a très peu de Beauvaisins, sans doute, qui savent dans quelles circonstances ces visites ont été faites. Les traces s'en trouvent dans les Archives de la ville d'où nous les avons exhumées à l'intention de nos lecteurs.

Au XVIIe siècle, la Russie était loin d'être le grand état d'aujourd'hui ; elle ne formait qu'un noyau autour de Moscou. Limitée par les possessions baltiques de la Suède, par la Pologne, qui s'étendait presque jusqu'à Smolensk, et par les pays turcs des rives de la mer noire, et de l'autre côté, vers l'Est, par les hordes Mogoles et les Cosaques, elle s'était déjà assimilée les Républiques de Novogorod et de Pskoff. Sa surface à cette époque était à peu près le double de celle de la France, avec 10 millions d'habitants à peine, tandis que de nos jours, la Russie, qui s'étend des frontières de l'Allemagne au détroit de Béring, sur une longueur de 9,500 kilomètres, présente, y compris la Sibérie, une superficie 34 fois plus grande que celle de notre pays, avec une population de près de 90 millions d'habitants. Le Tzar peut presque dire comme Philippe II d'Espagne: « le soleil ne se couche jamais dans mes états. »

Au XVIIe siècle, ce n'était que le grand-duché ou le tzarat de Moscowie, contrée insignifiante ou à peu près pour les monarques du vieux monde ; cependant, voulant se mettre en rapport avec les nations de l'Europe, les grands-ducs y envoyèrent des ambassadeurs.

Au printemps de 1660, les envoyés du grand-duc Alexis Mikœlowich, le petit-fils du premier des Romanoff, passèrent à Beauvais. Ils venaient de Bordeaux et allaient en Angleterre. Suivant les intentions du roi Louis XIV, qu'ils fussent reçus « avec toute la magnificence que mé-
« rite un si grand prince, le corps de ville
« se transporta en corps et en habit de

« cérémonie à l'*Hôtel du Corbeau* (1) où
« sont descendus lesdits ambassadeurs,
« pour les saluer et les complimenter ; il
« leur fut fait présent de six douzaines de
« bouteilles de vin ». Si c'était du vin de
Marissel il a dû sembler médiocre à des
gens qui quittaient le Bordelais.

En 1686, d'autres ambassadeurs moscovites, qui venaient d'Angleterre, furent
reçus à la porte de l'Hôtel-Dieu par ordre
du roi, disant de leur rendre les honneurs
dus à leur caractère. Un de ces ambassadeurs était le beau-père d'un des grands
ducs, Ivan V et Pierre Ier, fils d'Alexis et
qui régnaient alors sous la tutelle de So-
phie, leur sœur aînée ; Pierre devait plus
tard régner seul et prendre rang dans
l'histoire sous le nom de *Pierre-le-Grand*.
« Ils furent conduits, par la rue Saint-
« Sauveur, à l'*Hôtellerie du Corbeau* avec
« le cortège des Compagnies privilégiées,

---

(1) D'après les recherches que nous avons
faites, l'*Hôtel du Corbeau* ou des Corbeaux, qui
devait être le principal de la ville, au XVIIe
siècle, devait se trouver sur l'emplacement de
la maison de la place occupée aujourd'hui par
M. Bellevoye, quincaillier. L'on sait d'ailleurs,
qu'à cette époque l'Hôtel de Ville actuel n'était
pas encore bâti ; sur son emplacement existaient
même, en 1669, deux hôtelleries ou auberges
de deuxième ordre ; celles du Grand et du Petit-
Cerfs.

« arbalétriers et arquebusiers. Le corps
« de ville leur rendit, de suite, sa visite
« en habit de cérémonie et leur fit présent
« de vingt-quatre bouteilles de vin. Le
« lendemain les compagnies privilégiées
« leur firent cortège en les accompagnant
« jusqu'à la Croix des Pellerins, dans le
« faubourg Saint-Jacques. » Les archives
de la ville ne mentionnent pas l'accueil que
leur fît le populaire qui dut être frappé
surtout de leurs grandes barbes, de leurs
pelisses et de leurs bonnets de fourrure.

Trente et un ans plus tard, la ville de
Beauvais devait voir passer dans ses murs
le fameux et illustre tzar Pierre-le-Grand.

La vie de ce prince est bien connue. Son
premier soin, après l'exil de la régente So-
phie et la mort de son frère Ivan, fut de
créer une armée avec l'aide du français
Lefort dont il s'était attaché les services
et qu'il nomma plus tard grand amiral de
l'empire ; avec son concours il prit Azof
aux Turcs et toutes les rives de la mer
Noire. Désireux de transplanter dans ses
états barbares les arts et les sciences de
l'Europe, il envoya un grand nombre de
jeunes russes à Venise, à Libourne, en
Allemagne et en Hollande pour y apprendre la construction et la manœuvre des
vaisseaux. Il se rendit, lui-même, à Har-
lem, en Hollande, où, sous les habits d'un
ouvrier, il travailla à la construction des

navires et étudia les sciences. Il envoya en Russie un grand nombre d'artisans de toute espèce, après s'être assuré de leur capacité.

En janvier 1698, il s'embarqua pour Londres et resta trois mois en Angleterre. Il ne visita point la France à ce premier voyage. Louis XIV, raconte Saint-Simon, « l'en fit adroitement détourner. » Pour le Roi-Soleil le souverain moscovite devait être sans importance et régner sur une peuplade de barbares.

En 1711, le tzar Pierre, désirant se rapprocher de la France et voulant, dit-on, après s'être réconcilié avec Charles XII, employa l'héroïsme et le tempéramment batailleur de ce prince à renverser le roi d'Angleterre pour lui substituer les Stuarts. Louis XIV fit un médiocre accueil à son envoyé. Après la mort du roi, le duc d'Orléans avait pris la régence; Pierre se décida à faire le voyage de Paris, car Zotof, son ambassadeur, l'assurait des bonnes dispositions du régent. Pierre n'était plus, comme en 1698, un jeune prince à demi-barbare, maître d'un état presque inconnu de l'Europe occidentale; c'était le vainqueur de Pultava, le dominateur de l'Allemagne du Nord, le réformateur d'un grand peuple, le fondateur d'une nouvelle capitale (Saint-Pétersbourg), le chef d'une des grandes nations de l'Europe, en un mot

Pierre Alexiowich était devenu *Pierre-le-Grand*.

Il devait débarquer à Calais et le régent envoya le marquis de Nesle le recevoir et l'accompagner jusqu'à l'arrivée du maréchal de Tessé qui ne devait aller que jusqu'à Beaumont-sur-Oise. Voici ce qu'on lit dans le registre des délibération du corps de ville de Beauvais. (Archives : Registre BB, 57, année 1717.)

« Le 7 mai, sur les neuf heures du ma-
« tin, sa Majesté Czarine a passé en cette
« ville sans s'arrêter, ainsi qu'il l'avoit fait
« à Amiens, et sur ce que M. le marquis
« de Nelle, par un billet adressé pour le
« Maire à M. le Commandant à Beauvais,
« qu'il falloit envoyer, pour la garde, un
« détachement de seize maîstres au de-
« vant de ce prince et réserver un pareil
« pour le conduire à Tillart. Seize cheva-
« liers des compagnies des arbalétriers et
« arquebuziers, compris leurs officiers,
« sont montés à cheval pour aller à la ren-
« contre de ce prince, et pareil nombre de
« l'infanterie qui ont pareillement monté
« à cheval, l'ayant attendu ici le conduit
« jusqu'à Tillart où il l'ont remis aux gre-
« nadiers à cheval du roy, et ce pendant le
« passage du csar a été fait trois salves de
« toute l'artillerie, consistant en dix-huit
« pièces tant de petits canons de fer que
« de grosses arquebuzes de fonte et fer. »

Les échevins avaient fait des apprêts pour l'entrée du tzar, le maire était revenu de Paris où l'avaient appelé les affaires de la ville, l'intendant de la généralité s'était aussi rendu à Beauvais, les maisons canoniales avaient été disposées pour recevoir la suite du prince. L'évêque, Mgr de Beauvilliers de Saint-Aignan, espérait qu'il se reposerait quelques instants au palais épiscopal. Mais, à la porte de l'Hôtel-Dieu, Pierre dit qu'il voulait aller d'Amiens a Paris d'une seule traite et sans s'arrêter. On lui objecta qu'il courrait grand risque de faire maigre chair dans les lieux où on n'était pas prévenu de son passage. « J'ai été soldat, répondit-il, pourvu que je trouve du pain et de la bière, je serai content. »

Saint-Simon, dans ses mémoires, dit que Pierre arriva à Beaumont « sur le midy ». Il était passé à Beauvais entre neuf et dix heures du matin. Or, de Beauvais à Beaumont, par Tillart (la route ne passait pas à Noailles et le bourg n'existait pas encore), il y avait neuf lieues de poste. C'était aller assez vite sur les mauvaises routes de cette époque, avec le seul relai de Tillart. Le maréchal de Tessé le reçut à Beaumont, le tzar arriva à Paris vers trois heures et descendit à l'hôtel de Lesdiguières.

Pierre était, dit Saint-Simon « un fort « grand homme, fort bien fait, le visage

« de forme ronde, les lèvres assez grosses,
« le teint rougeâtre et brun, de beaux yeux
« noirs, grands, vifs, perçants. Le regard
« majestueux et gracieux, quand il y pen-
« soit, sinon sévère et farouche. Le czar
« entendoit bien le françois et il l'auroit
« parlé s'il l'eut voulu, mais par grandeur
« il avoit toujours un interprète. »

Nous n'avons pas à raconter son séjour à Paris ; ce serait sortir de notre cadre ; disons seulement que parmi les curiosités qu'il visita se trouvait le cabinet de mécanique de M. Pajot, comte d'Ons-en-Bray, savant distingué du Beauvaisis, membre de l'Académie des sciences, dont nous parlerons un jour ou l'autre.

Il fut alors question de le disposer en faveur d'une réunion de l'église orientale avec l'église latine et il visita plusieurs fois la Sorbonne ; on prétend que, lors d'une de ces visites, se trouvant devant la statue de Richelieu, il l'embrassa en disant : « Grand homme si tu vivois encore, « je te donnerois la moitié de mon empire « pour apprendre de toi à gouverner « l'autre. »

Pierre-le-Grand resta à Paris cinq mois, il quitta cette ville en octobre 1717, après y avoir conclu un traité de commerce, mais sans avoir réussi à séparer la France de l'Angleterre, principal but de son voyage. L'alliance anglaise était alors, grâce aux intrigues et à la vénalité de Dubois, ainsi qu'à la faiblesse du régent, la base de notre politique étrangère. Le tzar, dit encore Saint-Simon, « *avoit une passion ex-* « *trême de s'allier à la France qui eut* « *infiniment profité d'une alliance avec* « *lui.* » Le duc de Saint-Simon était plus clairvoyant que son ami le duc d'Orléans.

Ce qu'il y a d'étrange c'est l'influence néfaste et persistante de l'Angleterre à propos des projets d'alliance de la Russie et de la France. Ainsi, sous la régence, c'est cette influence qui se fait sentir, de même que, 140 ans plus tard, sous Napoléon III, ce sont les intrigues britanniques qui poussèrent à cette absurde guerre de Crimée et à combattre une nation qui, de tous temps, désira notre alliance, soit pour résister aux forces maritimes de l'Angleterre et à sa prépondérance sur les mers, soit pour contrebalancer l'influence et les combinaisons des puissances centrales de l'Europe.

Nous engageons nos lecteurs, qui voudraient savoir exactement quelles étaient sur ces points les désirs de la Russie, sous l'ancien régime, à lire l'excellent article : « *Comment la Russie prit sa place en Europe* » de notre distingué compatriote M. Arthur Desjardins, de l'Institut. Il a été inséré dans la *Revue des deux Mondes,* de 1893.

LA DEMOISELLE

ANNE DE PISSELEU

———

Pisseleu est un petit village qui se trouve entre Beauvais et Crèvecœur, à 12 kilomètres au nord de la ville et à 8 kilomètres du bourg. Le nom de ce pays vient, d'après M. de Malinguehen, qui en a fait la monographie, du mot picard *Pis'qu'leu* (pire que le loup) *Pejor lupo*. Mabillon, dans sa diplomatique, cite un seigneur du pays, *Archambaldus Pejor Lupo,* qui, sans doute, était connu pour sa cruauté ; de là le surnom.

Les seigneurs de Pisseleu portaient d'ailleurs des armes parlantes : *d'argent à trois lions de gueules au loup hissant d'or.*

Le premier membre connu de cette famille fut Godefroy Ier de Pisseleu, qui occupa le siège épiscopal de Beauvais, de 1103 à 1114 ; son petit neveu était Hély de Pisseleu, qui vivait à la fin du XIIIe siècle. Nous ne suivrons pas la filiation de cette famille et nous arriverons à *Guillaume de Pisseleu, seigneur de Heilly,* qui fut capitaine de la Légion de Picardie, sous Louis XII. Il épousa en premières noces Isabeau de Contay, dont il eut deux enfants ; en deuxièmes noces, Anne Sanguin, qui lui donna cinq enfants dont trois filles. La deuxième de ces filles, *Anne,* dite *Mademoiselle d'Heilly,* née en 1508, va faire l'objet de cette causerie. Enfin, devenu, veuf, Guillaume se maria à Madeleine de Montmorency-Laval, dont il eut six enfants. En tout, il avait donc eu treize enfants. Les Pisseleu étaient une race prolifique, car le grand-père d'Anne, le père de Guillaume, Jean de Pisseleu, qui mourut en 1508, à l'âge de 115 ans, avait lui-même eu neuf enfants.

Près de Pisseleu se trouve Crèvecœur dont la terre était possédée, au commencement du XVIe siècle, par Guillaume Gouffier, seigneur de Bonnivet, amiral de France et favori du roi François Ier.

Entre les familles de Pisseleu et de Bonnivet des relations de bon voisinage s'établirent. Anne de Pisseleu promettait

de devenir charmante et l'amiral Bonnivet
la présenta à la Cour de France pendant la
captivité du roi, c'est-à-dire en 1525.
Mlle d'Heilly, comme on nommait alors
Anne de Pisseleu qui avait 17 ans, devint
fille d'honneur de Louise de Savoie, duchesse d'Angoulême, mère du roi et régente
du royaume. Elle suivit en cette qualité la
reine-mère lorsque celle-ci vint au-devant
de son fils, après le traité de Madrid conclu
le 14 janvier 1526. François Ier vit pour la
première fois, à Bayonne, Mlle d'Heilly,
dont la beauté était éblouissante, et en devint éperdument amoureux. Le roi était
quelque peu poète et il lui remit un jour
les vers suivants que nous donnons à cause
de leur origine et de leur époque qui les
rendent intéressants :

> Est-il point vrai, ou si je l'ai songé,
> Qu'est-il besoin m'éloigner et distraire
> De notre amour et en prendre congé ?
> Las ! je le veux ; et si ne le puis faire,
> Que dis-je ? veux, c'est du tout le contraire :
> Faire le puis et ne puis le vouloir ;
> Car vous avez là réduit mon vouloir
> Que plus tâchez ma liberté me rendre,
> Plus empêchez que ne la puisse avoir
> Et commandez ce que voulez défendre.

Ces vers donnent à supposer qu'Anne
de Pisseleu n'avait pas encore cédé aux
désirs du roi, mais elle ne devait pas
tarder à répondre à son amour. En effet,

la Cour s'arrêta à Mont-de-Marsan, et là, suivant Brantôme, « madame la Régente « produisit la demoiselle Heilly au roi « François ». Le roi, ajoute Bayle, se divertit avec elle tant qu'il lui plut. Brantôme était une bien mauvaise langue et Bayle, qui vivait 200 ans après François Ier, ne pouvait guère savoir comment les deux amants se divertissaient. Ce qu'il y a de certain, c'est que Anne devint la maîtresse en titre du roi qui lui sacrifia la comtesse de Chateaubriant, revenue à la Cour, et à laquelle il fit redemander d'une façon blessante les bijoux qu'il lui avait donnés durant leur intimité. Madame de Chateaubriant avait alors 31 ans et sa beauté, tout en étant arrivée à son complet épanouissement, ne pouvait lutter avec la fraîcheur d'Hébé d'Anne de Pisseleu.

Le procédé du roi de réclamer ses bijoux était peu chevaleresque, mais il cédait aux désirs de sa nouvelle maîtresse qui, nous le supposons du moins, avait d'autres griefs contre Mme de Chateaubriant. En effet, celle-ci était la femme de Jean de Montmorency-Laval, seigneur de Chateaubriant; et la belle-mère d'Anne de Pisseleu, comme il a été dit plus haut, appartenait à la même famille. Anne ne devait pas aimer sa marâtre, sans doute, et s'en vengeait sur la femme de son cousin.

A propos de Mme de Chateaubriant, il

nous revient une singulière histoire que nous ne résistons pas au désir de conter quoiqu'elle s'écarte un peu de notre sujet et qu'elle soit assez difficile à dire.

En 1524, il y eut à Marseille une entrevue entre François Ier et le pape Clément VII. Le roi était accompagné de sa maîtresse Mme de Chateaubriand et de deux dames de sa cour. Elles voulurent demander au pape une dispense pour faire gras en carême, c'est-à-dire manger de la *chair*. Ces dames ne connaissant pas l'italien elles prièrent le duc d'Albanie d'être leur interprète auprès du Saint-Père. Le duc, peut-être intentionnellement, traduisit leur requête de telle façon que le pape, à cause du mot *chair,* comprit qu'on lui demandait de transgresser *sans pécher* le sixième commandement. A l'audience, voyant au pape une singulière figure, ces dames pensèrent qu'elles avaient trop demandé et dirent qu'elles se contenteraient d'être affranchies seulement *trois fois par semaine* de la loi commune. Clément VII entra dans la plus étrange colère et se trouva fort heureux, après une explication, de n'avoir à se relâcher que sur un point de discipline. Voilà mon histoire racontée. « Honni soit qui mal y pense, » je l'ai empruntée à Brantôme !

Anne de Pisseleu joignait aux perfections du corps les charmes d'un esprit agréable, fin, étendu et solide. Ses admi-

rateurs l'appelaient « la plus belle des
« savantes et la plus savante des belles ».

Bientôt les fêtes et la galanterie chas-
sèrent les affaires de l'esprit de François Ier;
ce gros garçon, comme l'appelait Louis XII,
se plaisait au milieu de sa cour *si genti-
ment corrompue* et le vicomte de Saulx-
Tavannes, qui avait été le compagnon de
captivité du roi, put écrire plus tard, en
parlant de lui, dans ses mémoires qui ont
été publiés par son fils : « L'âge attiédit le
« sang, les adversités l'esprit, les hazards
« le courage et le monarque désespéré
« n'espère que voluptés. Tel est le roi
« François Ier, blessé des dames au corps
« et en l'esprit. La petite bande de Mlle
« d'Heilly gouverne. Alexandre voyait les
« femmes quand il n'avait point d'affaires,
« François voit les affaires quand il n'a
« plus de femmes. »

François Ier maria sa maîtresse en 1536
à Jean de Brosse, comte d'Etampes, qui
consentit à cette union pour rentrer dans
les biens de sa famille qui avaient été con-
fisqués à la suite de la défection de son
père, ami du connétable de Bourbon.

Le roi lui rendit non seulement ses biens,
mais il lui donna le collier de ses ordres,
le gouvernement de Bretagne, et érigea
pour lui, ou plutôt pour sa femme, son
comté d'Etampes en duché. Le nouveau
duc d'Etampes n'en fut pas plus heureux,

et le Laboureur prétend, dans les mémoires de Castelnau, que d'Etampes posséda bien son titre de duc mais ne posséda jamais sa femme. Le mariage d'Anne ne lui retira aucune liberté, elle resta à la cour. Sa faveur monta au plus haut point et jusqu'à la mort du roi elle le domina ainsi que son entourage. Elle usa de son crédit pour protéger les arts et soutenir les idées de réforme. Elle n'oublia pas sa famille : son oncle Antoine Sanguin fut nommé évêque d'Orléans, cardinal, puis archevêque de Bordeaux ; Marie, sa seconde sœur, fut abbesse de Maubuisson ; son jeune frère François, abbé de Saint-Corneille de Compiègne, puis évêque d'Amiens. Elle se réconcilia sans doute avec sa belle-mère, car son premier frère consanguin Charles fut nommé évêque de Condom, son deuxième, évêque de Pamiers et sa sœur Marie, abbesse de Saint-Paul-lès-Beauvais. Enfin, elle maria richement ses autres sœurs ; l'une d'elles même épousa, en 1540, le baron de Jarnac qui tua dans un duel célèbre François de Vivonne, seigneur de La Chateigneraie, par un coup d'épée imprévu, d'où est venue l'expression *coup de Jarnac* qui sert à désigner, dans tout ordre d'idées, un coup décisif et inattendu porté à un adversaire.

En 1540, lors du passage de Charles-Quint à Paris, Anne conseilla à François Ier

d'abuser de ce que son rival était entre ses
mains. On prétend que le roi lui-même dit
à l'empereur : « Voyez-vous cette belle
dame ? Elle me conseille de ne point vous
laisser partir d'ici que vous n'ayez révoqué
le traité de Madrid. — Eh bien ! lui répondit
l'empereur froidement, l'avis est bon, il
faut le suivre. » Cependant, afin que la
duchesse n'insistât pas sur un pareil conseil, lorsque celle-ci, selon l'usage, lui
présenta une aiguière pour qu'il se lavât
les mains, Charles crut devoir y laisser
tomber une bague d'une grande valeur.
Anne d'Etampes l'ayant ramassée et voulant la lui rendre, l'empereur répondit
galamment « qu'il ne voulait point re-
« prendre une chose qui était arrivée en si
« belles mains ». Mezeray dit que cette
anecdote est un conte fait à plaisir. Quoi
qu'il en soit, il paraîtrait que la duchesse
fut sensible à cette galanterie et que
Charles-Quint put, par son intermédiaire,
savoir tout ce qui se passait à la Cour de
France. Divers auteurs prétendent que la
trahison de la duchesse, ou plutôt ses
indiscrétions, vinrent de la jalousie furieuse
qu'elle avait conçue contre Diane de Poitiers, maîtresse du dauphin, depuis Henri II.
Toujours est-il que la haine de ces deux
femmes divisa la cour et la famille royale
en empoisonnant les derniers jours de
François Ier.

Aussi, à la mort du roi, la duchesse d'Etampes fut exilée et Henri II lui reprit les diamants que son père lui avait donnés et dont il fit présent à Diane de Poitiers. Le roi vengea ainsi la comtesse de Chateaubriand qui, vingt-un ans auparavant, s'était vue reprendre par François Ier, à l'instigation d'Anne de Pisseleu, les diamants que celui-ci avait donnés à son ancienne maîtresse.

Quelque temps après son exil, la duchesse d'Etampes dut soutenir contre son mari un scandaleux procès ; il lui réclamait les gages de son gouvernement de Bretagne que sa femme avait gardés pour elle-même. Le roi Henri II déposa dans le procès contre la duchesse, abandonnée par ses amis. Anne de Pisseleu se retira dans l'une de ses terres, « fort adonnée, dit Mazeray, « à tous les exercices de la religion pro- « testante et protégeant ceux qui en fai- « saient profession. » Bayle combat cette dernière assertion qui, cependant, était probable, car beaucoup d'artistes et d'esprits distingués, et une grande partie de la noblesse, s'étaient quelque peu convertis à la réforme. Témoins : Jean Cousin, Palissy, Clément Marot, les deux Estienne, Ambroise Paré, Ramus, Olivier de Serres, ainsi que Marguerite de Navarre, la propre sœur du roi ; les Bourbons, les Condé, les Montmorency, sauf le Connétable, etc., et, dans le Beauvaisis, grand nombre des bons gentilhommes du pays : les de Mouy, les des Courtils et autres.

Anne de Pisseleu, duchesse de Châteauroux, mourut en 1576, à l'âge de 68 ans.

Nous aurions voulu passer sous silence les complaisances d'Anne de Pisseleu pour Charles-Quint et croire que Mezeray a quelque peu exagéré, mais la vérité nous force à dire que notre charmante compatriote avait été, malgré tout son esprit, ou peut-être à cause de son esprit, un tantinet intrigante.

GUI PATIN

A 14 kilomètres de Beauvais, sur le chemin de grande communication de Beauvais à Gournay par Savignies, un peu au-delà de Lhéraule, se trouve le hameau de *La Place*, qui dépend de la commune d'Hodenc-en-Bray (Houdan au XVII° siècle). Ce petit village comprend une cinquantaine de feux au plus.

C'est là, le 31 août 1601, que naquit Gui Patin, si célèbre par son esprit caustique et rabelaisien et surtout par ses lettres pleines de naturel, de crudité parfois, de bon sens souvent, d'humour et de sel de toutes sortes.

Gui Patin est donc un beauvaisin parce que le village de La Place était en Beauvaisis, mais il l'est d'autant plus que c'est par hasard qu'il y est né et qu'il aurait dû prendre naissance dans notre bonne ville, et voici comment :

Il appartenait à une vieille famille bourgeoise de Beauvais et son père, Jean Patin, était avocat au bailliage présidial. En outre, il s'occupait des affaires de la noblesse des environs, et notamment de celles de Gaspard de Monceaux, seigneur d'Hodenc-en-Bray, le même qui fit ériger la seigneurie d'Hodenc en baronnie, en 1607. Jean Patin, pendant l'été de 1601, s'installa dans le village de La Place, au centre des terres d'Evaux, de Marivaux, de Hodenc et autres, dépendant de la seigneurie ; sa femme était grosse et elle accoucha, le dernier jour d'août, de Gui Patin, lequel, sans la villégiature de son père, serait certainement né à Beauvais. Tout fait penser que son parrain fut le seigneur de Monceaux, qui donna à l'enfant le prénom de son aïeul, Gui de Monceaux, qui avait été conseiller et maître d'hôtel des rois Henri II et Charles IX.

Jean Patin, qui *parlait d'or,* disait son fils, voulait faire de lui un avocat et le mit au collège de Beauvais, dont il est une des illustrations avec Jean Racine, Claude Binet, Foy Vaillant, les abbés Dubos et Langlet-Dufresnoy, Restaut et tant d'autres.

Puis il l'envoya au collège de Boncourt,

à Paris, où le jeune Gui acheva son éducation. Il paraîtrait que, vers 1620, le baron d'Hodenc, dont Jean Patin était toujours régisseur, voulut, pour récompenser ses services, procurer un bénéfice à son fils ; le jeune homme refusa *tout plat,* en disant qu'il ne voulait pas être prêtre. Jamais homme, en effet, n'eut moins que Gui Patin la vocation ecclésiastique, quoiqu'il eût bien des rapports d'esprit avec Rabelais, le curé de Meudon ; mais on n'était plus au XVIe siècle. Le beauvaisin Gui Patin était libre penseur en même temps que libre parleur, comme le fut plus tard son compatriote Langlet-Dufresnoy. Il se brouilla dès lors avec sa famille par ce refus et résolut de devenir médecin. Jean Patin, sur les conseils de sa femme qui était plus fâchée que lui de la résolution de son fils, coupa les vivres au jeune homme, qui fut obligé, pour subvenir à ses besoins, de se faire correcteur d'imprimerie. Il poursuivit ainsi ses études médicales et fut reçu docteur en 1624, à l'âge de 23 ans. En 1625, il se maria avec une femme dont la fortune lui permit de vivre indépendant.

Il était considéré comme un homme de beaucoup d'esprit et l'on prétend, dit Bayle, que certains grands seigneurs lui mettaient un louis d'or de 24 livres (valeur actuelle 50 fr. environ) sous son assiette toutes les fois qu'il voulait aller dîner chez eux ; ils prenaient un plaisir extrême à l'entendre et désiraient procurer la même satisfaction à leurs convives ; l'esprit du docteur pétillait comme le champagne dans les coupes.

Sa réputation de causeur était telle que, lorsqu'en 1654, il remplaça Riolan, son maître, dans la chaire de professeur à la Sorbonne, on se disputait les places à ses cours, tant il savait les émailler de traits d'esprit, de bons mots, et surtout pour l'élégance de son latin.

« Gui Patin, dit Vigneal-Marville, était satirique depuis la tête jusqu'aux pieds ; son chapeau, son collet, son manteau, son pourpoint, ses chausses, tout cela faisait nargue à la mode et le procès à la vanité. Il avait dans le visage l'air de Cicéron et dans l'esprit le caractère de Rabelais ».

L'air de Cicéron, hum ! ça n'est pas sûr ! Quant au caractère du curé de Meudon, c'est probablement vrai de celui que Ménage appelait « le médecin le plus gaillard de son temps ».

Gui Patin avait des bêtes noires qui alimentaient la verve de sa conversation et celle de ses lettres. Comme médecin, il avait horreur de l'antimoine et des apothicaires ; comme écrivain, il détestait les gazetiers et particulièrement Renaudot, son confrère, l'inventeur du journalisme ;

et, comme chrétien, il n'aimait pas les moines.

On prétend que le nom de l'antimoine vient de ce que, au XVe siècle, un médecin, pour la première fois, en fit usage comme remède dans un couvent dont tous les moines moururent comme des mouches. Du temps de Gui Patin, ce remède était à la mode sous différentes formes ; c'était surtout l'émétique (tartre stibié), tartrate double de potasse et d'antimoine, que le premier médecin du duc de Mecklembourg inventa en 1531 et qui, employé d'une manière absurde, comme toutes les choses nouvelles, produisit de nombreux accidents. La Faculté de médecine, sous l'influence de Gui Patin, s'éleva contre l'emploi de l'émétique et obtint même du Parlement un arrêt qui en défendit l'usage. Il y avait aussi le kermès ou poudre des Chartreux (hydrosulfate d'antimoine). Patin, qui n'aimait pas les moines, n'aurait pas dû s'indigner autant contre un produit qui passait pour avoir été nuisible aux froqués. Mais la passion ne raisonne pas ; d'ailleurs, il étendait sa haine à tous les produits de la chimie : « La plupart des « livres de chimie, dit-il (46e lettre), ne « valent rien qu'à faire des enveloppes chez « les épiciers. L'antimoine a tué plus « d'hommes que le roi de Suède (Gustave- « Adolphe) en Allemagne, » etc.

Quant aux apothicaires, il les poursuit d'une haine féroce ; il les appelle « tyrans, « cuisiniers arabesques, marchands de « bagatelle. » Il va même jusqu'à dire que l'apothicairie n'est qu'un monstrueux colosse de volerie. « Il y a chez les épiciers, « dit-il dans sa 20° lettre, de la casse, du « séné et de la rhubarbe, avec lesquels « nous nous passons des apothicaires, et « nous les avons rendus si ridicules qu'on « ne peut les voir dans les maisons. »

Le célèbre Guénaut, dont Boileau disait :

Guénaut sur son cheval en passant m'éclabousse.

(ce qui prouve que les médecins de cette époque ne roulaient point carosse), le célèbre Guénaut, partisan de l'antimoine, était détesté de Gui Patin, et son nom revient souvent dans ses lettres ; Gui Patin l'attaque, mais avec des réticences plus ou moins perfides, car Guénaut était le médecin du roi.

Notre docteur beauvaisin était ennemi des drogues chimiques et minérales ; cependant il purgeait ses malades, mais avec la casse et le séné et, surtout, il les saignait à outrance. Il nous dit lui-même qu'il saigna treize fois en quinze jours un jeune gentilhomme de sept ans, atteint de pleurésie ; il le guérit. Ses ennemis, et il en avait avec sa mauvaise langue, le surnommèrent le médecin des trois S : *Séné, Sai-*

gnée et *Son ;* avec cela il les tuait parfois, mais il les tuait conformément à ses principes et sans avoir recours à ces fripons d'apothicaires. Les épiciers fournisaient le séné, les meuniers le son et lui la lancette.

Il avait dressé un gros registre de ceux qu'il prétendait avoir été tués par l'antimoine ; il appelait ce registre, le *Martyrologe de l'Antimoine*. Asclépiade, disait-il, pensait que le devoir du bon médecin était de guérir les malades, *tuto, celeriter et jucunde ;* nos antimoniens nous envoient en l'autre monde *tuto et celeriter*.

Gui Patin était un hygiéniste, car il a publié un *Traité de la conservation de la santé, par un bon régime et légitime usage des choses requises pour bien et sainement vivre,* 1632, in-12, réimprimé dans le *Médecin charitable* de Guibert.

Théophraste Renaudot est le fondateur de la *Gazette de France,* établie en 1631, sous le patronage du cardinal de Richelieu. La *Gazette* est le premier journal politique, une espèce de *Journal Officiel* du temps. Ce Renaudot, docteur de la Faculté de Montpellier, était un homme à idées modernes ; il est l'inventeur du journal, du mont-de-piété, des agences de renseignements, etc. Patin l'avait pris en grippe et il y eut entre eux des polémiques et des procès à n'en plus finir. Renaudot perdit l'un de ces procès. En sortant de l'audience, Gui Patin aborda son adversaire en disant : « Monsieur Renaudot, vous « pouvez vous consoler, car vous avez « gagné en perdant. — Comment donc ? « demanda Renaudot. — C'est, lui répliqua « qua le railleur sans miséricorde, que « vous étiez camus en entrant ici et que « vous en sortez avec un pied de nez. » Renaudot, en effet, avait le nez très court.

C'est en lisant les lettres de Gui Patin qu'on peut avoir une véritable idée de l'esprit du docteur beauvaisin. On rencontre dans ces lettres, dit Sainte-Beuve, les bons mots, les nouvelles du jour, force détails curieux sur la littérature et les savants du temps, surtout un tour dégagé et spirituel, des traits libres et hardis qui peignent au vif l'esprit et le génie de l'auteur ; c'est une conversation sans nul apprêt, sans prétention aucune, familière, enjouée souvent : ce sont les confidences d'un ami à un ami.

Les lettres de Gui Patin, imprimées pour la première fois à Cologne, en trois recueils successifs (1692), à La Haye et Rotterdam en 1716, eurent plusieurs éditions dont la dernière est de 1846, en trois volumes in-8. Des fragments ont été imprimés dans le volume intitulé *Patiniana,* 1703, et dans celui qui porte pour titre : *L'Esprit de Guy Patin,* par Bordeleu, 1709 et 1713.

La meilleure édition est celle augmentée par Lancelot et publiée par Bayle en 1703, in-12. Je crois que c'est celle qui est dans la bibliothèque de la ville. On n'a pas retrouvé un *Commentaire sur Rabelais,* qu'écrivit Gui Patin. C'est bien dommage, car il devait être curieux : Rabelais jugé par Gui Patin ! Quel succulent morceau on aurait savouré.

Il existe une médaille fort rare que la Faculté de médecine de Paris fit frapper en l'honneur de Gui Patin, lorsqu'il était son doyen, en 1672.

Les lettres de notre beauvaisin sont encore intéressantes à parcourir ; elles renferment évidemment beaucoup de détails qui sont aujourd'hui sans intérêt, mais les jugements qu'il porte sur certains hommes de son temps : Mazarin, Richelieu, Beaufort, le coadjuteur de Gondy et tant d'autres, sont curieux. Il fait, d'ailleurs, une véritable histoire de la médecine pendant cinquante ans et il montre un coin très étendu des mœurs et de la littérature avant Louis XIV.

Quoique libre penseur, Patin n'était pas un mauvais chrétien ; il ne croit pas aux indulgences, « mais il croit aux prières. » Il a, sur la mort, des réflexions philosophiques dont il relève la banalité par un sentiment vif et un certain mordant d'expression : « M. le comte de R... est mort

« comme il a vécu. *Il est sorti de ce*
« *monde sans avoir voulu jamais savoir*
« *ce qu'il y était venu faire.* »

Gui Patin mourut le 30 août 1672, à
l'âge de 70 ans ; ses derniers jours furent
attristés par l'exil de son fils, Charles
Patin, médecin et numismate distingué,
qui s'attira, on ne sait pas trop pourquoi,
l'animosité de Colbert et de Louis XIV.

Gui Patin fait honneur à la ville de
Beauvais, qui a donné son nom à une rue
près de l'Hôtel-Dieu, dans laquelle il
n'existe aucune officine d'apothicaire. Dans
l'autre monde, notre spirituel compatriote
doit en éprouver une certaine satisfaction.

LE MERCURE BARBU

———

D'après l'itinéraire d'Antonin, il existait au commencement de l'ère chrétienne, dans l'ancien pays des Bellovaques, une ville d'une certaine importance et l'une des principales de la Gaule-Belgique, la quatrième des provinces entre lesquelles l'empereur Auguste avait divisé notre pays. Cette ville, qui se nommait *Cæsaromagus*, d'après cet itinéraire, se trouvait sur la route de *Samarobriva* (Amiens) à *Suessines* (Soissons), en passant pas *Litanobriga* (Creil). Elle était en outre le point de départ d'une voie allant à *Lutecia* (Paris), par *Briva-Isaræ* (Pontoise). Il est certain que Beauvais correspond à l'emplacement de *Cæsaromagus* et que les

Romains, après la conquête du pays des Bellovaques, voulurent fonder sur leur territoire une ville capitale de ce pays. On sait qu'après avoir dépouillé la Gaule de son indépendance et de sa personnalité, les Romains y établirent une administration douce et protectrice en y apportant leurs mœurs et le luxe de leurs édifices. *Cœsaromagus* devint le chef-lieu d'une des soixante *cités* (mot qui désignait des territoires et non des villes) qui subdivisaient les quatre provinces romaines. La ville antique romaine occupait le fond de la vallée du Thérain et particulièrement le petit relief compris entre la canal du Limaçon, la rue de l'Evêché, celles de Beauregard et du Théâtre, sur le point culminant duquel se trouve aujourd'hui la cathédrale.

L'itinéraire d'Antonin a été établi à la fin du troisième siècle ou au commencement du quatrième, par un géographe inconnu qui prit le nom de l'illustre empereur pour donner plus de crédit à son travail.

A la fin du troisième siècle, *Cœsaromagus* existait donc depuis un certain temps et il n'y a rien d'extraordinaire à supposer, comme Denis Simon et les autres historiens locaux, que la ville romaine a été fondée sous le règne de Néron ou de ses successeurs dans la deuxième moitié du premier siècle. Notre ville aurait donc aujourd'hui plus de dix-huit cents ans d'existence ; c'est respectable.

Elle s'étendait sans doute en dehors de la vallée, sur le versant des côteaux septentrionaux, où la nature du sol permettait plus facilement d'établir de grands édifices, c'est-à-dire sur les terrains inclinés qui s'étendent entre le cimetière dit des Capucins et l'ancienne route de Nivillers. A diverses époques on a trouvé, sur le versant du *Mont-Capron,* les fondations de constructions importantes. Ainsi, en mars 1563, la ville fit marché avec un sieur Dubuisson pour les pierres trouvées dans son héritage du Mont-Capron ; elle lui en prit 1,200 pieds cubes qui servirent à la construction du pont dormant de l'Hôtel-Dieu. En 1636, lorsque l'on travailla à un fort sur le Mont-Capron, non loin du lieudit *Le Fort-Chaalis,* pour protéger la ville contre l'invasion probable des impériaux de Jean de Werth, on découvrit les vestiges d'un édifice considérable dans lequel les antiquaires crurent reconnaître un temple de Bacchus. On y trouva des bases de colonnes, des imposte, des bas-reliefs avec des grappes de raisin, des pampres, des feuilles de lierre et autres ornements bachiques. L'abbé Dubos, qui n'avait pas vu ces découvertes, dit que M. de Saint-Hilaire, qui les avait visitées, lui a affirmé que le péristyle du temple était aussi grand que le Louvre. C'est probablement très exagéré.

Un peu à l'est du Mont-Capron, au lieu dit *La Fosse-Abat-le-Vent,* on voit une excavation de près de cent mètres de diamètre qui a toutes les apparences d'une arène. En 1765, de nouveaux terrassements faits au Mont-Capron, mirent au jour des tombeaux dont plusieurs étaient sculptés.

Les fortifications de la cité, autour de la cathédrale, qui datent vraisemblablement du IVe siècle, ont été construites en partie avec des pierres que l'on tirait des monuments ruinés du Mont-Capron. Il y a quelques années, M. Capronnier, en faisant percer une cave pour sa maison de la rue de l'Abbé-Gelée, maison bien connue sous le nom de la Belle-Image, et qui est adossée aux remparts de la cité, les traversa sur une certaine étendue et trouva dans le massif des débris de colonnes, des chapiteaux et autres débris antiques. On rencontre assez souvent, en faisant des terrassements, soit dans le cimetière des Capucins, au Franc-Marché ou dans les côteaux du Mont-Capron jusqu'à La Fosse-Abat-le-Vent, des médailles romaines, des poteries, etc. Il serait à souhaiter que l'administration municipale, qui va faire entreprendre des déblais pour le lycée et les nouveaux réservoirs, donnât des ordres pour que l'on réservât à la Ville les objets

curieux qu'on pourrait y rencontrer et surtout qu'on n'enlevât aucune des maçonne-
ries qu'on pourrait y découvrir, sans qu'elles
soient examinées. Il pourrait se faire en
ces points des exhumations intéressantes
qu'il conviendrait de ne pas négliger.

Voilà, certes, un bien long préambule
pour arriver à parler du *Mercure Barbu.*
C'est un autel votif gallo-romain qu'on
peut voir au musée, quand je dis voir, c'est
une manière de parler car il est placé à
contre jour, et M. Fenet a dû renoncer à
en prendre la photographie. Ces autels
votifs étaient érigés en l'honneur des dieux,
en mémoire d'un bienfait ou pour s'attirer
leur protection dans certaines circonstances. Après la conquête, les Gaulois
adoptèrent, en général, la religion et les
habitudes des Romains. Le musée de Cluny
possède quatre autels votifs élevés en
l'honneur de Jupiter donnés par les Nautes
ou Mariniers de Lutèce et qui furent
trouvés en 1711, dans les fouilles faites à
Notre-Dame.

Le Mercure Barbu est un objet d'art des
plus médiocre, mais il est précieux à cause
de son antiquité et d'une certaine particu-
larité. C'est un bloc de pierre assez gros-
sièrement sculpté, haut de 1ᵐ,25, large de
0ᵐ,80 et épais de 0ᵐ,50. Il représente en
demi-rondebosse, un jeune homme à cheveux crépus, de la *barbe* au menton et sur

les joues, un *pétase* ou bonnet à deux ailes
sur la tête, comme il convient au messager

Le Mercure barbu.

des dieux, car ce jeune homme est **Mer-**
cure. Ses épaules sont couvertes d'un man-

teau ou *paludamentum,* la main gauche tient un *Caducée* à deux ailes avec serpents enroulés, la main droite montre une bourse, comme il convient au dieu du commerce et des pick-pokets ; sur les côtés, deux dauphins adossés, deux serpents roulés, deux patères et un globe.

L'encadrement est surmonté d'un fronton sur lequel on lit :

SACRUM

MERCURIO AUGUSTO

C. JULIUS HEALISSUS

V. S. L. M.

D'après notre compatriote Foy-Vaillant, ces quatre initiales doivent signifier : *Votum solvit lubens merita,* ce qui montrerait que le donataire s'est exécuté de bon cœur pour les bienfaits qu'il devait à Mercure.

Montfaucon, dans son premier volume de l'*Antiquité expliquée, 1719,* donne le dessin du Mercure barbu.

Cet autel votif appartenait, au siècle dernier, à un savant antiquaire, Bucquet, seigneur de Bracheux procureur du roi au baillage présidial, mort en 1801 ; il en fit présent à sa ville natale, par son testament. Il occupe aujourd'hui une place d'honneur, mais peu éclairée, au musée de la Société académique. Pendant longtemps ce don fut dédaigné par la Ville, car Edouard Delafontaine prétend qu'en 1839 on le voyait encore dans un jardin d'une maison de la rue Sainte-Véronique.

Pourquoi le Mercure beauvaisin est-il légèrement barbu, contrairement à l'usage qui fait du messager des dieux un jeune homme absolument imberbe? C'est une question qui n'est pas encore résolue. D'ailleurs, le sculpteur beauvaisin était un gallo-romain qui n'était pas, sans doute, absolument respectueux de la tradition. Monfaucon prétend d'ailleurs que le personnage représente, en même temps que le dieu, la figure de l'empereur régnant. Or, les premiers César étaient rasés et notre hôtel votif doit être du IIIe siècle. Il est certain que le Mercure barbu n'a pas les formes pures et classiques de la statue célèbre de Mercure, qu'on nomme improprement l'Antinoüs du Belvédère et qui se trouve au musée du Vatican. Nos ancêtres, même après les premières persécutions chrétiennes, adoraient donc les divinités latines et particulièrement Mercure. C'est ainsi que les Arvernes firent exécuter à *Augustonemetum* (Clermont - Ferrand), par Zénodore un Mercure colossal sous le règne de Néron. Pline prétend que c'était une merveille et que cette statue, qui était de bronze, avait 250 coudées de hauteur (122 mètres).

Enfin, quoique notre Mercure soit loin d'être une œuvre remarquable au point de vue artistique, il est précieux au point de vue historique et archéologique, et c'est surtout le monument le plus ancien du vieux Beauvais. A ce titre il méritait cette courte notice.

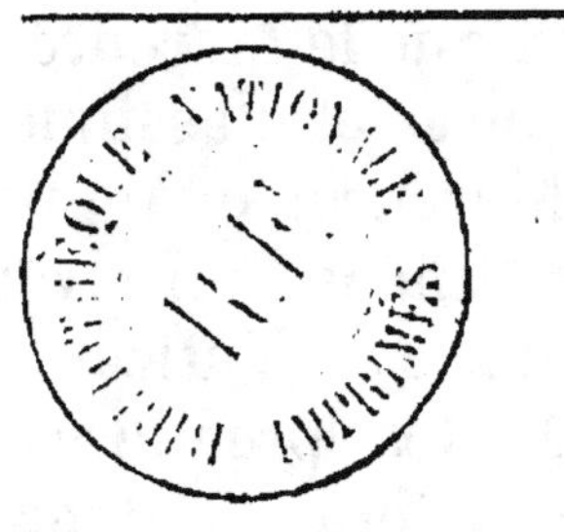

DEUX BEAUVAISINS

MEMBRES DE L'ACADÉMIE FRANÇAISE

———

Jean Racine fit ses études au Collège de Beauvais qui, avant la Révolution, se trouvait dans la rue Sainte-Marguerite ; il y était pensionnaire en 1647 et dans une récréation il reçut même une blessure dont il garda les marques toute la vie. Racine eut l'honneur d'être de l'Académie ou plutôt l'Académie française eut l'honneur de le faire asseoir dans son quatrième fauteuil où siège aujourd'hui Pierre Loti. Mais Racine était né à La Ferté-Milon et ne nous appartient qu'indirectement par ses années de Collège.

Deux beauvaisins pur sang, c'est-à-dire *nés natifs* de Beauvais, comme on dit vulgairement, ont été mis également au rang des immortels ; l'un est à peu près inconnu, l'autre mérite de l'être beaucoup moins. Rouen est la patrie de Corneille, de Fonnelle et de Flaubert ; Amiens a vu naître Voiture et Gresset, à Beauvais nous avons le quart de Racine et les deux académiciens dont nous allons entretenir nos lecteurs. Faute de grives on mange des merles.

Le premier, c'est l'abbé *Charles Boileau,* né à Beauvais vers 1644. Il passait pour un bon prédicateur, il eut plusieurs fois l'occasion de se faire entendre à Versailles devant Louis XIV. L'abbé Boileau manquait d'onction et se laissait trop aller au désir de plaire et de briller. Aussi Bourdaloue, ce maître de l'éloquence sacrée, disait-il de lui, qu'il avait deux fois plus d'esprit qu'il n'en faut pour bien prêcher. Charles Boileau, qui fut abbé de Beaulieu, entra à l'Académie en 1694, où il occupa le sixième fauteuil, celui ou plus tard siégèrent J. Chenier et Chateaubriand, et qu'occupe aujourd'hui M. Edouard Hervé. Le bagage littéraire de notre compatriote est assez léger ; il se compose de deux volumes d'*Homélies et Sermons,* de deux autres de *Panégyriques* et enfin d'un petit volume de *Pensées*. Il paraît que ces pensées, dont quelques-unes mériteraient d'être retenues, sont parfois pleines d'esprit.

Le second beauvaisin de l'Académie est moins inconnu et son nom nous est familier puisqu'une rue du quartier Sainte-Marguerite porte son nom. C'est l'abbé *Jean-Baptiste Dubos,* né en décembre 1670, sorti d'une famille bourgeoise, car son père était marchand et devint même échevin de notre ville. Les Dubos étaient alliés à une vieille famille de Beauvais, les Danse, clan nombreux qui a encore des ramifications dans le Beauvais actuel. Après avoir fait ses premières études dans sa ville natale, Dubos alla les compléter à Paris. Son rêve était d'être abbé, non pas qu'il eût une très grande vocation ecclésiastique, mais il désirait être abbé à bénéfice. Il y parvint, du reste, sur le tard, car il obtint, à l'âge de 52 ans, la commende de l'abbaye de Ressons-en-Thelle, près Valdampierre. C'était un petit bénéfice, car l'abbaye, à la suite des guerres de la Ligue, avait été dans l'obligation d'aliéner une partie de son domaine ; elle avait à cette époque un prieur et sept religieux de l'ordre des Prémontrés.

Enfin, le jeune Dubos arrive à Paris et se résolut d'aller en Sorbonne pour y cueillir les lauriers indispensables pour l'obtention d'une prébende, car son objectif était multiple ; il pensait également à un canonisat, il rêvait d'être un jour chanoine de la cathédrale Saint-Pierre. Après avoir obtenu le diplôme de maître ès arts, qu'on aurait dû plutôt nommer ès lettres, il passa trois ans à la Faculté et devint bachelier en théologie en 1691; il avait 21 ans. Ses études étant terminées et sa famille pouvant subvenir à ses besoins, il s'éprit de l'antiquité et en 1695 il publia une lettre sur le *Mercure barbu* qu'on venait de découvrir à Beauvais, à cinq cents pas des arènes de la Fosse-abat-le-Vent. Il s'occupait également de numismatique, il fit paraître, la même année, l'*Histoire des Quatre Gordiens;* on n'admet généralement que que trois Gordiens, mais Dubos, qui aimait quelque peu le paradoxe, ainsi que quelques beauvaisins de nos jours, soutint avec beaucoup d'érudition et d'esprit qu'il y en avait eu quatre. Son opinion causa un véritable scandale, car les numismates sont facilement irritables ; elle fut fortement combattue et Dubos répondit à ses contradicteurs par un opuscule en latin *Vindiciæ pro quatuor Gordianorum historia,* car Cuper, un de ses adversaires, l'avait accablé par un autre projectile latin *Historia trium Gordianorum.*

En attendant la réalisation de son désir d'avoir un bénéfice, l'abbé Dubos, car il se nommait ainsi, quoiqu'il ne fut que sous-diacre et ne parvint jamais plus haut dans les ordres sacrés, entra en 1696 dans les bureaux de M. de Torcy, ministre des affaires étrangères. Il s'y fit bien venir et fut envoyé d'abord à Hambourg, puis à Ryswich près des plénipotentiaires français qui négociaient avec la Hollande le célèbre traité qui mit fin à la Ligue d'Augsbourg. A son retour, à Paris, il sut se créer d'excellentes relations, car l'abbé Dubos était fort aimable et plein d'esprit. Il fut chargé, en 1702, de diverses négociations en Angleterre et en Hollande.

A Londres, il fréquenta assidument les les salons d'Hortense Mancini, duchesse de Mazarin, qui était en Angleterre depuis 1675. Hortense Mancini avait alors 55 ans ; elle était encore, comme le dit Saint-Évremond, la plus belle femme du monde, car sa beauté conserva son éclat jusqu'à ses derniers jours. Avec cela pleine d'esprit et de cœur et passablement toquée, ainsi qu'il convenait d'ailleurs à la femme du duc de Mazarin, dont elle fut séparée toute la vie, et qui était bien le plus bizarre et le plus extravagant des hommes. L'abbé fréquentait donc beaucoup la maison de la duchesse ; en fut-il amoureux ? Hortense était bien dangereuse et l'on connaît ces vers délicieux que le bon La Fontaine fit sur cette charmante femme dans une lettre à Saint-Evremont :

Hortense eut du ciel en partage
« La grâce, la beauté, l'esprit; ce n'est pas tout :
« Les qualités du cœur, ce n'est pas tout encore
« Pour mille autres appas le monde entier l'adore
« Depuis l'un jusqu'à l'autre bout.
« L'Angleterre en ce point la dispute à la France,
« Votre héroïne rend les deux peuples rivaux, etc.»

Revenu en France, Dubos fit paraître, en 1704 : *Les intérêts de l'Angleterre mal entendus dans la Guerre présente,* un vol. in-12. Ce livre fut très goûté en France et eut peu de succès en Angleterre. Le perspicace abbé y prédisait, il est vrai, la séparation des colonies américaines de leur métropole qui se réalisa, en effet, 70 ans plus tard. Certaines parties de ce livre déplurent et quelques mauvais plaisants dirent qu'il aurait fallu en changer le titre ainsi : *Les intérêts de l'Angleterre mal entendus par M. l'abbé Dubos.*

Il publia l'année suivante : *Le Manifeste de Maximilien, électeur de Bavière, contre Léopold, empereur d'Allemagne,* in-8°.

En 1707, il fut envoyé à Neufchâtel près des magistrats de cette ville pour soutenir les droits de la maison de Conti sur la souveraineté de ce pays.

En 1709, il donna son livre sur la *Ligue de Cambrai,* 2 vol. in-12, ouvrage fort remarquable en certains points et qui montre que les fonctions diplomatiques de l'abbé Dubos lui avaient particulièrement ouvert l'esprit et développé la sagacité.

Dubos fut envoyé à Gertruydenberg pour collaborer avec les plénipotentiaires français au traité d'Utrecht (11 avril 1713) qui mit fin à la malheureuse guerre de la succession d'Espagne. En prenant part aux travaux qui précédèrent la conclusion des traités de paix de Ryswich et d'Utrecht, l'abbé mit donc la main aux deux instruments diplomatiques les plus importants de la fin du règne de Louis XIV.

Il devait être un peu plus tard au comble de ses vœux, car quoique toujours sous-diacre, il obtint, comme nous l'avons dit, la commende de l'abbaye de Ressons et de plus il avait été nommé, un peu auparavant, chanoine de la cathédrale de sa ville natale. Dès qu'il eut ces bénéfices, il quitta les affaires étrangères et se livra entièrement à l'étude, en rassemblant les matériaux qu'il avait recueillis pour son dernier et principal ouvrage dont nous parlerons plus loin.

Il avait fait, en 1702 et 1703, un voyage en Italie en prenant de nombreuses notes dans les musées et bibliothèques ; c'était l'occasion d'un nouveau livre : *Réflexions critiques sur la Poésie et la Peinture,* 1719, 2 vol. in-12. Voici comment Voltaire apprécie cette œuvre de l'abbé dans son histoire du siècle de Louis XIV. « Tous

« les artistes la lisent avec plaisir ; c'est le
« livre le plus utile qu'on ait jamais écrit
« sur ces matières chez aucune des nations
« de l'Europe. Ce qui fait la bonté de cet
« ouvrage, c'est qu'il n'y a que peu d'er-
« reurs et beaucoup de réflexions vraies,
« nouvelles et profondes. Ce n'est pas un
« livre méthodique, mais l'auteur pense et
« fait penser. Il ne savait pourtant pas la
« musique, il n'avait jamais pu faire de
« vers et ne possédait pas un seul tableau,
« mais il avait beaucoup lu, entendu et
« réfléchi. »

Il faut ajouter, à ce qu'on prétend, que
Voltaire devait à l'abbé Dubos l'idée de la
Henriade qui parut en 1724, en ce sens que
l'auteur des *Réflections critiques sur la
poésie* avait indiqué ce sujet comme un de
ceux qui se prêtait le mieux à une œuvre
épique. Les éloges de Voltaire n'étaient
peut-être, dans une certaine mesure, que
l'expression de sa reconnaissance. Voici
le paragraphe du livre de Dubos dont
nous voulons parler : « Homère n'a pas
« chanté les combats des Egyptiens mais
« ceux de ses compatriotes. Virgile et
« Lucain ont pris leur sujet dans l'his-
« toire romaine. Qu'on choisisse donc
« dans l'histoire moderne un sujet neuf où
« l'on ne se puisse prévaloir des inven-
« tions ni des phrases poétiques des an-
« ciens. Qu'on fasse un poème épique de

« la destruction de la Ligue par Henri IV ;
« avec quelle noblesse et quel pathétique
« Virgile aurait-il traité une apparition
« de Saint Louis à Henri IV, la veille de
« la bataille d'Ivry. »

L'abbé Dubos aurait pu conseiller encore un poëme sur la bergère de Domrémy et l'expulsion des Anglais. Quel magnifique épopée à faire. Il est vrai que Chapelain n'avait pu s'en tirer et qu'il ne reste de son grotesque et lourd poëme que les satires de Boileau. Si l'abbé avait indiqué sérieusement ce sujet, peut-être que Voltaire n'eût pas écrit son infâme poëme de la Pucelle où il prodigue tant de verve pour bafouer les sentiments les plus respectables et salir la pauvre bergère, l'héroïne par excellence, cette figure poétique et pure, par ses spirituelles ordures.

C'est en 1720, le 3 février, que l'abbé Dubos fut reçu à l'Académie française, et succéda à l'abbé Genest dans le fauteuil où devaient s'asseoir plus tard Condorcet et de Sacy.

Le 10 novembre 1722, il fut nommé secrétaire perpétuel en remplacement de Dacier. Quelques années plus tard, il s'intéressa avec la plus vive ardeur à la nomination de Montesquieu. L'on sait que le cardinal de Fleury, esprit étroit s'il en fut, écrivit à l'Académie dont il était membre on ne sait trop pourquoi, que le roi ne sanctionnerait pas la nomination d'un auteur qui avait offensé l'Eglise dans *ses lettres persanes*. Le cardinal ajoutait qu'il ne les avait pas lues, mais que des personnes dignes de foi en étaient scandalisées. Nous ne savons trop quelles sont celles de ces lettres qui avaient offusqué les dévôts amis du ministre.

Il y a bien dans la lettre XLVI ce paragraphe : « Un homme faisait tous les « jours à Dieu cette prière : Seigneur, je « n'entends rien dans les disputes que « l'on fait chaque jour, à votre sujet ; je « voudrois vous servir suivant votre vo- « lonté ; mais chaque homme que je con- « sulte veut que je vous serve à la sienne. « Il m'arriva un jour de manger un lapin « dans un caravansérail où il y avait beau- « coup d'étrangers : trois hommes qui « étaient là me dirent que je vous avois « offensé ; l'un parce que cet animal étoit « immonde, l'autre parce qu'il étoit étouffé « et le troisième parce que ce n'étoit pas « un poisson. » *Les lettres persanes* fourmillent de traits analogues et Fleury voulait que l'Académie épousât les petites rancunes de son entourage. Les lettres persanes étaient d'ailleurs une œuvre de jeunesse : c'est un ouvrage satirique charmant ; le président de Montesquieu dut néanmoins regretter souvent sa publication et quand il s'assit plus tard dans le

fauteuil, dont Conrart fut le premier occupant, il dut se dire bien souvent que, sur
certains points, il aurait été sage d'imiter
la sagesse de son prédécesseur.

En gardant de Conrart le silence prudent.

Il est vrai que Montesquieu, devenu
académicien, sut se faire pardonner ses
légèretés littéraires en donnant son beau
livre de l'*Esprit des Lois* et *ses Considérations sur la grandeur et la décadence
des Romains*, mais on ne pouvait deviner
alors que cet esprit aimable deviendrait
un auteur sérieux et profond. Du reste,
les lettres persanes causèrent bien des
soucis à Montesquieu et jusqu'à son lit de
mort. Les Jésuites voulaient une rétracta-
tion formelle de ces lettres, mais il ne
céda pas et le curé de Saint-Sulpice, qui
vint cependant lui donner le viatique, lui
dit : « Vous savez, M. le Président, com-
« bien Dieu est grand ! oui, lui répondit
« le moribond, et combien les hommes
« sont petits. »

Mais nous nous égarons en contant ces
vieilles histoires. Toujours est-il que
l'abbé Dubos intervint adroitement près
du cardinal de Fleury qui leva l'interdit.
Montesquieu fut élu et installé le 24 janvier 1728 ; son fauteuil est occupé aujourd'hui par M. Ludovic Halévy, qui n'a
pas écrit *Les Lettres persanes,* mais

Froufrou et *Les Petites Cardinal* et aussi. il est vrai, *L'abbé Constantin*, ce qui fait compensation.

C'est l'année suivante que l'abbé fit paraître son œuvre principale : l'*Histoire de l'établissement de la Monarchie française dans les Gaules*, Paris 1734, 3 vol. in-4°. Ce livre, très certainement le plus important ouvrage de l'écrivain beauvaisin, repose sur une donnée audacieuse et tout hypothétique mais fort habilement présentée et adroitement défendue, savoir que la prise de possession des Gaules par les Francs est un établissement presque pacifique et non pas une brutale conquête germanique. Les Francs n'y seraient pas entrés en conquérants mais à la prière des peuples Gaulois et comme des alliés ; c'est la thèse de l'abbé Dubos, absolument en contradiction avec les idées reçues jusqu'alors.

Le comte de Boulainvillers, sept ans avant Dubos, avait dit au contraire que les Gaulois devinrent sujets des Francs ou Français qui furent maîtres et seigneurs. Depuis la conquête les *Français originaires* ont été les véritables nobles et les seuls capables de l'être. Clovis n'était que le général d'une armée libre qui l'avait choisi pour la conduire dans des entreprises dont le profit devait être commun. Il y avait une certaine hardiesse à contester le système de Boulainvilliers admis par toute la noblesse et par Saint-Simon, comme on peut le voir dans le 2e volume de ses mémoires. Dubos, en le combattant, montre assez que chez lui l'esprit plébéien dominait et qu'il était bien le fils d'un pétit bourgeois et d'un échevin. Quoi qu'il en soit, l'ouvrage de l'abbé Dubos eut l'honneur d'être critiqué par Montesquieu dans son *Esprit des lois* où, tout en reconnaissant « *qu'il a séduit beaucoup de gens parce qu'il est écrit avec beaucoup d'art* » le conteste avec son talent ordinaire et fort longuement, au livre XXX chap. 24 et 25 de son beau livre. « M. le « comte de Boulainvilliers dit-il et M. l'abbé « Dubos ont fait chacun un système dont « l'un semble une conjuration contre le « Tiers-Etat et l'autre une conjuration con- « tre la noblesse. » C'est un grand honneur que la critique d'un pareil esprit, encore a-t-elle été excessive et de nos jours on a rendu plus de justice à l'abbé beauvaisin. Dans les considérations sur l'histoire de France qui précédent les *Récits des temps mérovingiens d'Augustin Thierry*, l'éminent historien fait, au contraire, le plus grand éloge de notre compatriote et nous ne pouvons qu'engager nos lecteurs à lire ce qu'il dit de cet esprit subtil et réfléchi, de cet homme d'un talent mur » ainsi qu'il appelle l'abbé Dubos.

Guizot, Michelet, Henri Martin et nous pourrions y ajouter Sismondi rendent aussi pleine justice à l'ouvrage de l'abbé et sans accepter complètement son système, ils lui reconnaissent un grand fonds de vérité et de clairvoyance historique.

L'âge et les infirmités étant venus, Dubos pensait à finir ses jours à Beauvais, dans une de ces maisons canoniales qu'il avait le droit d'habiter ; mais une maladie douloureuse le força de rester à Paris où il décéda le 22 mars 1742, à l'âge de 72 ans.

On prétend qu'en mourant il répétait ce mot d'un ancien : *Lex est, non pœna perire :* Le trépas est une loi et non une peine. Il ajoutait : *Trois choses doivent nous consoler de quitter la vie, Les amis que nous avons perdus, le peu de gens dignes d'être aimés que nous laissons après nous ; enfin, le souvenir de nos sottises et l'assurance de n'en plus faire.* Comme on le voit, l'abbé Dubos mérite d'être plus connu et nous sommes heureux que l'occasion se soit présentée de dire quelques mots de notre érudit compatriote.

CHARLES X, ROI DE FRANCE

ANCIEN ÉVÊQUE DE BEAUVAIS

Je suis persuadé que le titre de cet article va surprendre presque tous mes lecteurs. « Eh! quoi, diront-ils, notre chroniqueur beauvaisin nous la baille belle ; c'est une plaisanterie. » Calmez-vous, amis lecteurs, je n'ai jamais été plus sérieux. Mon Charles X n'est pas celui que la révolution de 1830 a détrôné ; c'est bien un Bourbon, il est vrai, et il a été proclamé roi de France, non seulement à Beauvais, mais à Paris, à Amiens et dans la plupart des villes du Nord de la France. On a frappé des médailles à son effigie, des monnaies de cuivre et même des testons d'argent au millésime de 1590 et avec cette légende : *Carolus X. D. g. Francorum Rex.* Il s'agit tout simplement du cardinal Charles de Bourbon, évêque de Beauvais de 1569 à 1575 et reconnu roi de France par la Ligue après l'assassinat d'Henri III.

Médaille de Charles X, roi de France
(Cardinal DE BOURBON)
Demi-grandeur.

L'on sait que les Bourbons viennent de Saint-Louis, car le premier de leur race est le sixième fils de ce roi, Robert de France, comte de Clermont, dont le fils Louis hérita des domaines de la maison de Bourbon, en 1310. L'un des descendants de ce prince fut Charles de Bourbon, duc de Vendôme, qui eut de nombreux enfants. L'aîné fut Antoine, roi de Navarre par son mariage avec Jeanne d'Albret, le père d'Henri IV, et la souche de la maison royale de Bourbon (branche aînée et branche cadette); le second mourut sans postérité, et le troisième fut Charles de Bourbon, l'oncle de Henri IV, comme on le voit.

Ce Charles de Bourbon naquit en 1523 ; à l'âge de 17 ans, il fut sacré évêque de Nevers ; en 1544, il changea ce siège contre

celui de Saintes ; en 1550, à l'âge de 27
ans, il devint archevêque de Rouen ;
Paul III l'avait créé cardinal en 1548.
Enfin il fut nommé évêque-comte de Beauvais en 1569. Mais comment se fait-il, me
dira-t-on, qu'il devenait évêque en étant
archevêque ? c'était déchoir au point de
vue de la hiérarchie ecclésiastique. — C'est
possible, mais comme le siège de Beauvais
conférait la pairie, il était plus considéré
que les simples sièges métropolitains.
D'ailleurs, le prédécesseur de Charles de
Bourbon, le cardinal de Châtillon, avait
abandonné l'archevêché de Toulouse pour
devenir évêque de Beauvais. Quant au cardinal de Bourbon, comme il était de naissance princière, il resta archevêque de
Rouen tout en devenant évêque de Beauvais. Il cumulait et il cumulait tant même,
qu'il réunissait aux revenus de ses deux
riches diocèses les commendes de dix-sept
abbayes, dont celles de Froidmont, de
Saint-Germer et de Saint-Lucien, dans le
Beauvaisis. Tous ces bénéfices ecclésiastiques réunis valaient plus de 200,000 livres
(près de 800,000 francs d'aujourd'hui). Ces
abus, ces simonies étaient la conséquence
du concordat qui avait enlevé aux chapitres
et aux moines l'élection des évêques et des
abbés.

Quoique évêque depuis 1569, le cardinal
ne s'occupait guère de son diocèse que

pour en percevoir les revenus, car il n'entra seulement dans sa ville épiscopale que le 24 mai 1572. Pendant son séjour eut lieu le massacre de la Saint-Barthélemy (24 août 1572), mais les quelques Protestants qui étaient dans le Beauvaisis ne furent pas tourmentés. En 1575, Charles de Bourbon changea son évêché contre l'abbaye de la Couture, du Mans, dont le titulaire était Nicolas Fumée, et l'on ne sait trop pourquoi, car cet échange était tout favorable à ce dernier.

Il séjourna peu dans sa nouvelle abbaye et, en 1584, il prit le parti des Guises. Dans un traité secret conclu entre le duc de Guise et le roi d'Espagne Philippe II, il fut stipulé qu'après la mort d'Henri III, le cardinal serait reconnu comme héritier de la couronne de France « à l'exclusion du « tout pour toujours et à jamais de tous « les princes du sang de France étant à « présent hérétiques et relaps ». Le cardinal lui-même, le 1er avril 1585, publia un manifeste déclarant ses droits au trône. Après l'assassinat du duc de Guise (23 décembre 1588), il fut arrêté par l'ordre d'Henri III et emprisonné à Fontenay-le-Comte, en Vendée. Quelques temps après, les troupes protestantes du roi de Navarre s'emparèrent de Fontenay et le cardinal devint le prisonnier de son neveu.

Après l'assassinat d'Henri III (1er août

1589), le duc de Mayenne proclama le cardinal de Bourbon roi de France, sous le nom de Charles X, ce qui lui permettait, le roi nouveau étant prisonnier, de conserver le pouvoir avec le titre de lieutenant général du royaume. Ce fut une faute de la part de Mayenne, la négation même des projets de la maison de Guise et une reconnaissance formelle de la légitimité des Bourbons. Charles X fut reconnu roi à Paris et dans toutes les villes de la Sainte-Union et naturellement à Beauvais, où dominait le forcené ligueur Nicolas Godin, homme énergique et de grande valeur dont nous parlerons dans une prochaine causerie. De son côté, le Béarnais se fit proclamer à Saint-Cloud sous le nom de Henri IV. On discuta pour ou contre les deux rois et il parut même un écrit sous le titre : *Sommaire des raisons que les Français ont à reconnaître Charles X.* in-8°, 1589.

Le Parlement de Paris rendit, le 5 mars 1590, un arrêt pour proclamer Charles X comme vrai et légitime roi de France et ordonnant que justice serait rendue en son nom.

Le cardinal était alors âgé de 67 ans ; c'était un bonhomme moins cassé par la vieillesse que par la goutte, la gravelle, incommodités peut-être contractées par les excès de sa vie voluptueuse, car le cardi-

nal possédait l'un des triples talents de
son neveu, mais sans scandale ; il avait
une bigotterie étroite sans véritable caractère religieux ; il était fort adonné aux su-
perstitions astrologiques, ce qui semblait
de mode chez les Valois aux XV⁰ et XVI⁰
siècles, puisque le roi Louis XI, grand
esprit, cependant, n'était pas dégagé de
ces faiblesses.

Dans sa prison, le cardinal ne prenait
pas le titre de roi et il affectait même, en
parlant d'Henri IV, de toujours dire : le roi
mon neveu.

Enfin, il mourut de la gravelle, le 5 mai
1590, après avoir été nominalement roi
pendant deux mois, du 5 mars au 5 mai.

Quand, après son abjuration, en 1594,
Henri IV régna sans conteste, le Parlement
de Paris ordonna que le nom de Charles X
serait rayé de tous les actes où il se trouvait. (Les parlements et les tribunaux se
déjugeaient déjà à cette époque.)

Je termine ici, car j'ai prouvé l'exactitude de ce que j'avançais, c'est-à-dire qu'un
ancien évêque de Beauvais avait été roi de
France sous le nom de Charles X.

C. Q. F. D.

LE DIOCÈSE DE BEAUVAIS

Aujourd'hui le diocèse de Beauvais a la même circonscription que le département de l'Oise ; avant 1789, son étendue était moins importante, il ne comprenait que 400 cures, mais il s'y joignait 51 vicariats, 280 chapelles publiques ou privées qui se répartissaient entre 10 doyennés et les 3 archidiaconés suivant :

1° L'archidiaconé de Bray, comprenant les doyennés de Beauvais, de Bray et de Montagne ;

2° L'archidiaconé de Clermont, avec les doyennés de Clermont, Beaumont et Mouchy ;

3° L'archidiaconé de Breteuil, comprenant les doyennés de Breteuil, Ressons, Coudun et Pont-Sainte-Maxence.

11 paroisses, qui se trouvent aujourd'hui dans la Seine-Inférieure, dépendaient du diocèse de Beauvais qui, de ce côté, s'étendait jusqu'à l'Epte.

Au Sud, il franchissait l'Oise et allait jusqu'à Mafliers et 24 paroisses, qui se trouvent aujourd'hui dans Seine-et-Oise, étaient sous l'autorité de l'évêque de Beauvais. La ville de Beaumont avait même un doyen comme on l'a vu plus haut. Le diocèse était borné au Nord par celui d'Amiens, qui s'étendait sur 59 paroisses qui font partie aujourd'hui des cantons de Formerie, Grandvilliers, Crèvecœur, Breteuil et Maignelay.

À l'Est, il touchait à l'évêché de Noyon, comprenant 69 paroisses des cantons actuels de Lassigny, Guiscard et Noyon.

Du même côté, il était borné par le diocèse de Soissons qui avait 57 paroisses qui, aujourd'hui, font partie des cantons de Compiègne et Attichy.

Il touchait à l'évêché de Senlis, d'une faible étendue, et ayant 58 paroisses des cantons actuels de Senlis, Creil, Crépy et Nanteuil.

Le diocèse de Beauvais, de ce côté, franchissait la rivière d'Oise car Creil et Pont-Sainte-Maxence en dépendaient.

30 paroisses des cantons actuels de Nanteuil et Betz appartenaient au diocèse de Meaux.

Au Sud, il touchait au diocèse de Paris qui avait, sur le territoire actuel de l'Oise, la petite commune de Coye.

Enfin, au Sud à l'Ouest, il confinait au diocèse de Rouen qui s'étendait sur 32 paroisses appartenant, aujourd'hui, aux cantons de Méru, Chaumont, Auneuil et le Coudray.

Il existait deux enclaves qui dépendaient du diocèse de Soissons ; l'une au Bois-de-Lihus, l'autre au Bois d'Ageux. C'étaient en quelque sorte deux petits îlots perdus dans la grande mer du diocèse.

Comme on peut le remarquer, ces diocèses correspondaient précisément aux pays des diverses peuplades gauloises ou cités entre lesquelles le territoire actuel de l'Oise se trouvait réparti. L'évêché de Beauvais avait la cité ou pays des Bellovaques ; celui de Senlis, la cité des Sylvanectes, qui au moment de la conquête des Gaules par Jules César se rattachait aux Bellovaques ; le diocèse de Noyon qui s'étendait au Nord jusqu'à celui de Cambray correspondait à la cité des Veromandui (Vermandois) ; celui de Soissons aux Suessiones ; celui de Meaux aux Meldi ; celui d'Amiens aux Ambiani ; celui de Rouen aux Vellocassi (Vexin) et aux Caletes (pays de Caux), pour le nord de Formerie.

Quand au Ve siècle, le christianisme

cessa d'être persécuté et que l'autorité des évêques put s'établir régulièrement, ils réglèrent les limites de leur autorité sur celles des territoires de ces différentes peuplades. Quatorze siècles plus tard, en 1789, ces circonscriptions n'étaient pas modifiées et lorsque les guerres, les divisions entre les grands vassaux avaient changé si fréquemment les limites du royaume de France, l'Eglise seule avait conservé dans ses diocèses les mêmes circonscriptions qu'elle avait établi à l'origine de son existence. C'est un fait curieux et qui montre que l'autorité pacifique des idées est plus durable que celle qui dérive de la brutalité des faits et des conquêtes.

L'évêque de Beauvais, en 1789, avait en outre sous son autorité : 16 chapitres collégiaux, 15 abbayes, 85 prieurés et 15 couvents.

Les principales collégiales étaient celles de Saint-Michel, Saint-Barthélemy, Saint-Laurent et Notre-Dame-du-Châtel, à Beauvais ; celles de Notre-Dame de Milly, de Gerberoy, de Mouchy, de Bulles, de Cires-les-Mello et Montataire. La plus ancienne était la collégiale de Saint-Michel, à Beauvais, fondée au IXe siècle.

Les principales abbayes d'hommes étaient celles de Saint-Lucien, de Saint-Germer, de Breteuil (Bénédictins), de Froidmont, de Beaupré, de Lannoy (Bernardins), de

Saint-Quentin et de Saint-Martin-aux-Bois (Augustins).

Les principales abbayes de femmes, celles de Saint-Paul et de Variville, de l'ordre de saint Benoît ; de Monchy-Humières, de celui de saint Bernard.

Il y avait un couvent de Trinitaires à Clermont ; un de Capucins, de Minimes, de Franciscains et de Jacobins, à Beauvais.

Les principaux couvents de femmes étaient ceux du Moncel, près Pont (de l'ordre de Sainte-Claire) ; les couvents des Ursulines de Beauvais et de Clermont, et du Tiers ordre de Saint-François, de Beauvais.

De plus, l'ordre de Malte était représenté par la commanderie de Sommereux et la chapelle de Saint-Pantaléon de Beauvais, qui en dépendait.

L'abus des commendes était excessif dans le diocèse ; ainsi, l'évêque de Metz, en 1787, était abbé commendataire de Saint-Lucien ; Mgr de Broglie avait Saint-Quentin ; l'évêque de Blois, Saint-Symphorien ; celui de Senlis, Saint-Germer ; M. de Saint-Aldegonde, l'abbaye de Breteuil ; l'évêque de Rennes, Froidmont ; celui de Séez, Beaupré ; M. de Mauléon, Lannoy ; M. de Balivien, Royaumont. Quant à l'abbaye de Saint-Martin-aux-Bois, sa commende appartenait au collège Louis-le-Grand.

Les prieurés étaient au nombre de 85. On donnait ce nom à des communautés religieuses, à des églises paroissiales et à des bénéfices simples. Comme les abbayes avaient souvent des terres ou fermes éloignées, on y envoyait quelques moines pour les surveiller et y vivre conventuellement. C'était en quelque sorte de petites abbayes, des *abbatiolæ,* comme on les nomma d'abord. Le chef se nommait prieur. Lorsque l'usage abusif des abbés commendataires se fut établi, il y eut des prieurs commendataires, dont l'office était simplement de toucher les revenus, et des prieurs claustraux, nommés par eux, pour remplir l'office ecclésiastique. Ainsi, dans le diocèse de Beauvais, en 1787, Mgr l'évêque de Carcassonne était prieur commendataire d'Elincourt; M. de Langlade avait la commende du prieuré de Saint-Leu-d'Esserent.

Quant aux prieurés de femmes, ils n'avaient pas de commende ; les prieures était régulières, c'est-à-dire élues par les religieuses. Néanmoins ces prieures appartenaient presque toujours à la noblesse ; c'est ainsi que Mlle de Sabran était prieure de Saint-Martin de Pont, et Mlle de La Motte, de Variville.

Les prieurés-cures n'étaient distincts des autres églises paroissiales que parce qu'ils étaient desservis par des membres du clergé régulier.

Quant aux prieurés simples, ils n'avaient ni conventualité, ni charge d'âmes. Les titulaires n'étaient tenus ni à la résidence, ni à aucune fonction ecclésiastique ; il suffisait d'être tonsuré pour les obtenir.

L'on voit, par tout ce qui précède, que le diocèse de Beauvais était important et, quoique de moindre superficie que le diocèse actuel, son autorité s'étendait à un aussi grand nombre de maisons religieuses, plus riches et plus peuplées que celles de nos jours. De plus, son chef était le seigneur de la ville et y avait une juridiction spéciale ; il était vidame de Gerberoy, comte et l'un des six pairs ecclésiastiques du royaume. Aussi le diocèse de Beauvais était-il recherché et des archevêques mêmes abandonnèrent leurs sièges métropolitains pour devenir évêques de Beauvais et les premiers des trois comtes-pairs ecclésiastiques, passant immédiatement après l'archevêque-duc de Reims et les deux évêques-ducs de Laon et de Langres.

CARTE DU DIOCÈSE DE BEAUVAIS
AVANT 1789

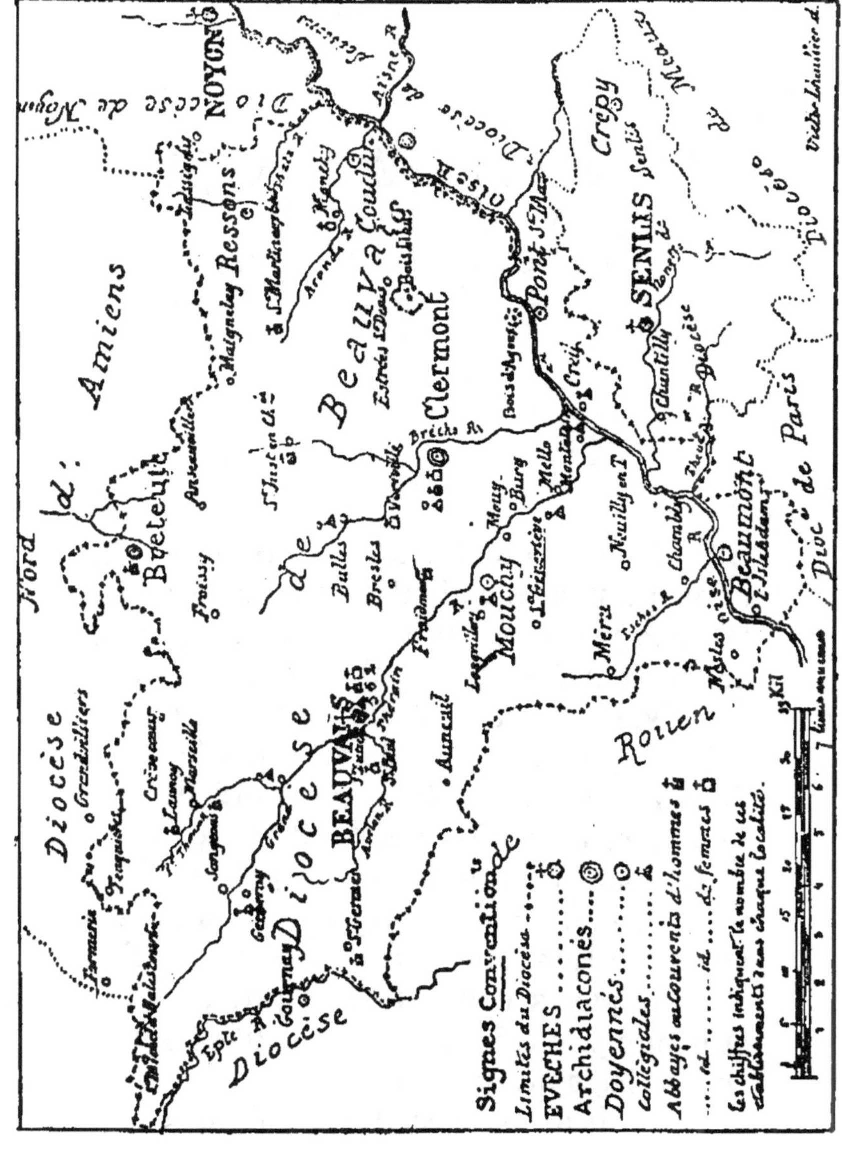

LE DROIT DE TRAVERS

DANS LE BEAUVAISIS

———

Sous le régime féodal, les routes et chemins publics n'étaient entretenus que par les seigneurs, au moyen de péages qu'ils faisaient prélever au passage des ponts et des rivières. Mais cet entretien était à peu près nul, il n'y avait de réel que le péage du seigneur. Les États généraux de 1484 s'en plaignirent vivement. « En ce royaume, disent leurs cahiers de doléances, il y a plusieurs ponts, passages et chaussées, pour l'entretenement desquels se cueillent et sont payés coutumes, acquits, travers et péages, et néanmoins, les dits ponts et chaussées sont en ruine. »

Le droit de travers était celui qui se percevait sur les personnes et les marchandises transportées à travers les territoires d'un seigneur ; il était demandé principalement au passage des rivières. Les nobles et ecclésiastiques étaient exempts des droits de travers. Quant aux marchands qui tentaient de s'y soustraire, ils s'exposaient à ce que leurs denrées fussent confisquées. Dans l'Assemblée du commerce convoquée par Louis XIV, en 1700, il y est dit : « Les péages que quelques seigneurs ont droit de faire lever en divers endroits du royaume, donnent matière à une infinité de vexations ; il serait de l'équité de S. M. d'en ordonner la suppression. Cette suppression est d'autant plus nécessaire que les commis sont soutenus par les propriétaires dont la plupart sont des personnes de crédit et de naissance, en sorte que, quelque extorsion que l'on exerce sur le marchand, elle demeure impunie, soit qu'il n'ose se plaindre ou qu'il ne juge pas à propos d'intenter un procès l'exposant à de grands frais, etc. Ces péages n'ont été établis que sous prétexte d'utilité publique, à quoi ces propriétaires ne satisfont nullement. »

Dans le Beauvaisis, le droit de travers était perçu au passage des principales rivières, notamment sur les ponts du Thérain et de l'Oise : à Marseille, à Milly, à Hermes, à Pont-Sainte-Maxence, à Creil, à Saint-Leu, etc. Au XVIIe siècle, les péages étaient encore en vigueur à Marseille et à Milly, au profit du duc de Boufflers ; à Hermes, par les religieuses de Variville ; à Pont, à Saint-Leu, par le prieuré du pays.

Le savant abbé Renet, dans un travail très documenté et récemment publié sur la châtellenie de Milly, donne les détails les plus intéressants sur les droits de travers au passage du Petit-Thérain, qui étaient perçus au profit du châtelain dès le XII siècle. Il intervint même un accord à ce sujet, entre le seigneur et l'évêque de Beauvais, le 12 mars 1354.

Beaumanoir, dans les « Coutumes du Beauvaisis », s'explique ainsi à propos de ce droit sur les marchandises :

« Por les marceans garder et garantir
« furent établis *li travers*. Et de droit
« commun, sitôt comme li marquant
« entrent en aucun travers, il es lor avoir
« tout en la garde du seigneur à qui li
« travers est. Et moult doivent mettre
« grand par li seigneur qu'il puisse aler
« sauvement, car moult avoient li siecles
« (peuples) de soufreté sa marceandise
« n'alait par terre. »

Ainsi, le seigneur qui faisait cueillir le travers avait l'obligation de protéger le marchand et sa marchandise. Il arrivait parfois que ce droit était concédé à un fermier qui donnait une redevance fixe et la percevait au lieu et place du seigneur. Il y avait alors bien des abus, surtout en ce qui touchait les marchandises que l'on confisquait quand le marchand refusait le péage ou cherchait à dissimuler tout ou partie de la marchandise.

M. l'abbé Renet donne le tarif du travers du pont de Milly, en 1735, au profit du duc de Boufflers, et qui avait été réglé par Yves de la Rue, bailli du duché et pairie de Boufflers.

En voici un extrait :

Pour une charrette passant et repassant.............. 10 deniers.

Pour un chariot......... 20 —

Pour un cheval chargé de harengs ou de marée....... 2 —

Pour une charrette de pots de terre (par cheval) .... 2 —

Pour une vache .... 2 —

Pour un pourceau .... 2 —

Pour un *juif* ou une juive. 4 —

Quand la *juive* est enceinte, c'est................ 8 —

Un homme chargé de verres doit pour chacun fardel deux verres, mais il en doit un plein de vin.

Tous menestriers doivent pour chacun instrument.... 4 —

s'ils *ne veulent acquitter de leur métier.*

Le denier tournois était le douzième du sou; sa valeur actuelle peut être évaluée à 1 centime et demi.

Un porc était donc taxé à un droit qui correspondrait aujourd'hui à 3 centimes.

Le juif et la juive, assimilés aux bestiaux, payaient plus que l'animal qu'ils considéraient comme immonde. Leur taxe correspondait à 6 centimes.

Quand la juive portait dans son sein un descendant de Jacob, c'était 12 centimes.

Il est curieux de voir que les musiciens ambulants pouvaient acquitter le droit de travers en donnant au péager un échantillon de leur talent musical. Les seigneurs et ecclésiastiques étaient exempts du droit.

Comme on le voit, ces taxes n'étaient pas très lourdes et correspondaient à peu près à ce qu'on payait, il y a quelques années, sur certains ponts suspendus.

En 1775, M. le marquis de Sesseval, à qui appartenait le duché-pairie de Boufflers, affermait le péage de Milly au prix de 90 livres tournois, qui vaudraient aujourd'hui à peu près 160 francs. Il est certain que le fermier en tirait beaucoup plus.

A Hermes, les droits de travers, en 1741, appartenant encore aux religieuses de Variville, qui le détenaient depuis le XII⁰ siècle; ils différaient un peu de ceux de Milly.

Une personne à pied payait   3 den^{rs} t^{ois}.

Une charrette attelée à deux
ou trois chevaux, chargée....   3 sous.

Une vache.................   6 deniers.

Un cochon...............   3   —

Un troupeau de 100 moutons   8 sous.

Quant aux juifs et juives, il n'y avait pas de taxes spéciales pour eux.

Nous n'avons pas trouvé les tarifs des droits de travers pour Creil, Pont-Sainte-Maxence et Saint-Leu, mais ceux que nous avons donnés particulièrement pour Milly, d'après M. Renet, suffisent pour faire apprécier ce qu'étaient ces redevances avant 1789. En Angleterre, on a maintenu les péages sur les routes et les ponts en divers comtés, et c'est en partie avec leur produit que les voies publiques sont entretenues de l'autre côté de la Manche.

Ce qu'il y a à retenir sur le péage de Milly, c'est l'assimilation des enfants de Jacob aux bestiaux pour la perception du droit. Il est vrai qu'on les plaçait au-dessus du *pourcel,* puisqu'on leur demandait le double.

Les temps sont bien changés. Les juifs, qu'on a persécutés si longtemps et que les ordonnances de Saint-Louis traitaient si durement, dont on confisquait les biens sous le plus futile prétexte, ont dû inventer la lettre de change et ils ont fort perfectionné depuis la manière de s'en servir. Ces épreuves séculaires n'ont fait que développer leurs qualités natives pour les négociations. Tous les fils de Jacob sont des commerçants de premier ordre, depuis les mercantis d'Algérie, les marchands de lorgnettes de France, jusqu'aux plus gros banquiers de l'Europe. Après avoir été de véritables parias, ils sont aujourd'hui les maîtres du monde. C'est tout bonnement parce que, malgré les grandes colères de Moïse, il y a 3500 ans, ils ont persisté dans le culte du Veau d'or, qui, hélas ! est également le véritable Dieu de beaucoup de chrétiens, par le temps qui court.

———

UNE FAMILLE DE MAIRES

DE BEAUVAIS

La famille de Nully, fort ancienne dans le Beauvaisis et qui n'est plus représentée dans notre ville que par deux dames, la mère et la fille, a donné à notre cité une véritable dynastie de magistrats municipaux.

Le premier maire de Beauvais fut Berengarius de Nully, qui fut maire de 1175 à 1181, sous le règne de Louis VI dit le Gros. . . . . 6 ans.

Pierre de Nully, maire en deux reprises, en 1329 et 1333, sous Philippe VI de Valois et Jean-le-Bon. . . . . 2 —

Un autre Pierre de Nully, maire

de 1543 à 1544, sous le règne de François Ier.................... 2 ans.

Georges de Nully, maire en 1673, sous Louis XIV.......... 1 —

De 1803 à 1839, M. de Nully d'Hécourt fut maire de la ville sans interruption sous les règnes de Napoléon Ier, Louis XVIII, Charles X et Louis - Philippe, pendant...................... 36 —

M. d'Hécourt, durant sa longue administration, transforma la ville de Beauvais et montra une grande fermeté devant l'ennemi, pendant les deux invasions de 1814 et 1815.

Enfin, on peut y ajouter, comme allié à la famille de Nully, M. de la Chaise, qui fut maire sous la première République, du 12 prairial an III au 12 fructidor an V (1er juin 1795 au 29 août 1797), et dont l'un des fils épousa la petite fille de M. de Nully d'Hécourt; ci près de...................... 3 —

M. de la Chaise fut renommé maire sous le Consulat, en 1802 et 1803, ci...................... 2 —

Enfin M. le comte de Malherbe, qui épousa l'arrière-petite-fille de M. de Nully d'Hécourt, occupa la mairie de 1871 à 1878.......... 8 —

Comme son bisaïeul par alliance, M. de Malherbe eut l'occasion de montrer son dévoûment à la ville lors de l'invasion de 1870-1871 ; c'est même en reconnaissance de ses services que le Conseil municipal, à l'unanimité, le nomma maire quand les Allemands eurent quitté la ville.

Total de l'exercice des fonctions municipales dans la famille de Nully et ses alliés, depuis le XIIe siècle.................... 60 ans.

Il y a ceci de remarquable, c'est que de 1795 à 1878, c'est-à-dire pendant 83 années, le majorat fut dans la même famille pendant 49 ans, presque un demi-siècle.

La ville de Beauvais a donné le nom de Nully à l'ancienne rue des Cordeliers. Le témoignage de sa reconnaissance a été modeste, mais il paraît que la famille de Nully s'en contente parfaitement. Disons, pour terminer, qu'il y a peu de villes en France où la même famille ait fourni sept maires en sept siècles, et dix majorats dont l'un a duré 36 ans.

LES CASSINI

Quoique d'origine italienne, la dynastie des Cassini appartient à la France, mais de plus elle appartient également au Beauvaisis puisque le premier et le plus célèbre de ces savants épousa, en 1673, Geneviève Delaistre, fille du lieutenant-général du bailliage de Clermont en Beauvaisis. Cela l'amena, en 1701, à acquérir les terres de Thury et de Filerval, entre Mouy et Clermont, qui se trouvent encore dans les mains de la même famille, car le propriétaire actuel est, nous croyons, le petit-fils par alliance du dernier des Cassini.

Nous avons, à propos de ces hommes célèbres, parlé de dynastie; c'est qu'en effet, on a cru, qu'à l'exemple des rois, il fallait faire suivre leur nom d'un chiffre romain et l'on dit pour eux comme pour les monarques: Cassini Ier, Cassini II, Cassini III, Cassini IV et Cassini V.

Cassini Ier (Jean-Dominique), est né d'une famille noble à Perinaldo, comté de Nice, alors italien, le 8 juin 1625, il fit d'excellentes études à Gênes et se livra particulièrement à celle des mathématiques pour lesquelles, d'ailleurs, les Italiens du Nord ont, on le sait, de grandes dispositions. Il s'occupa aussi d'astrologie, mais il reconnut bientôt qu'il n'y avait de vrai que l'astronomie. Il se perfectionna dans cette science en se liant avec les savants Bagliani et Sauli et en 1650, à l'âge de 25 ans, il remplaça, à Bologne, le P. Cavalliera, l'inventeur de la méthode des indivisibles, dans la chaire d'astronomie de l'Université. Il démontra bientôt que l'inégalité du mouvement apparent du soleil ne dépend pas immédiatement de son excentricité qui fait que son diamètre apparent paraît plus grand au périgée qu'à l'apogée. Nous ne dirons pas toutes les découvertes du jeune astronome sur la comète de 1664, sur les satellites de Jupiter, la rotation de cette planète et son aplatissement pôlaire. Il s'occupa également de questions d'hydraulique, d'études sur la transfusion du sang, les insectes, etc. Enfin, sa réputation devint si grande que, chaque fois qu'il passait à Florence, l'Académie *del Cimento* s'assemblait extraordinairement pour l'entendre et le consulter sur quelque problème important. Sa renommée s'augmenta encore par la publication, en 1668, des *Ephémérides de Jupiter,* que Cassini communiqua à l'Académie des Sciences de Paris fondée par Colbert deux ans auparavant. Le grand ministre invita l'astronome italien à venir en France de même qu'il y avait fait venir le savant hollandais Huygens, en lui faisant offrir une pension du roi. Après de longues hésitations, Cassini se décida à faire le voyage de Paris au commencement de 1699. Le roi, dit Fontenelle, le reçut, et comme un homme rare et comme un étranger qui quittait sa patrie pour lui. Au bout de quelque temps, le Pape et l'Université de Bologne le rappelèrent avec chaleur, mais Colbert le leur disputa ; il parvint à décider Cassini à rester en France et, en 1673, il lui fit délivrer des lettres de naturalité. Désormais, les Cassini étaient des Français. C'est la même année, à l'âge de 48 ans, qu'il se maria dans le Beauvaisis.

De cette époque commença la seconde phase de la vie du grand astronome. Il organisa l'observatoire dont il allait léguer la succession à ses descendants. C'est alors qu'il constata les taches du soleil et en donna une théorie fort ingénieuse, quoiqu'elle ait été en partie abandonnée de nos jours. De 1673 à 1684, il fit également des observations sur les satellites de Saturne, dont il découvrit quatre nouveaux. Dans cet intervalle, il entreprit un voyage à Cayenne pour observer la parallaxe de Mars. La comète de 1680 lui permit d'assigner à ces astres une route particulière dans le ciel, qu'il appela le *Zodiaque des Comètes*. Avant Bradley, il trouva que l'axe de rotation de la lune n'est pas perpendiculaire à l'écliptique. En 1694, il donna une nouvelle édition de ses tables des satellites de Jupiter. Enfin, en 1695, à l'âge de 70 ans, il fit un voyage en Italie, où il revit à San-Petrone la méridienne qu'il y avait établie en 1653. De retour en France, il continua la méridienne que Picard avait commencée en 1669 et qui devait représenter la 45e partie de la circonférence terrestre. Tandis que Lahire la prolongeait au Nord, le vénérable Cassini la poussait au Sud, jusqu'au Roussillon. C'est cette même ligne, base de toutes les mesures, qui fut reprise, quarante ans plus tard, par François Cassini, son petit-fils, et, cent ans après, par Méchain et Delambre, pour servir de base à l'établissement du mètre.

A la fin de ses jours, le grand astronome perdit la vue, malheur qui lui fut commun avec Galilée. Ces deux grands hommes, comme le dit Fontenelle, « ont fait tant de découvertes dans le ciel qu'ils ressemblent à Tiresias qui devint aveugle pour avoir pénétré le secret des dieux ».

J.-D. Cassini mourut à Paris, à l'âge de 87 ans et demi, le 14 septembre 1712, sans douleur et par la seule nécessité de mourir. Sa cécité ne lui avait rien ôté de sa gaieté ordinaire. Un grand fond de religion aidait beaucoup à ce calme perpétuel du savant. Du reste, il y a à remarquer que les astronomes sont déistes. Emerveillés de la magnifique harmonie des mouvements célestes, ils sont amenés naturellement à la croyance en un mécanicien divin, tandis que, au contraire, l'étude des transformations chimiques paraît quelque peu conduire à la croyance au diable !

J.-D. Cassini était plein de candeur et de modestie. Il communiquait facilement ses découvertes, au risque de s'en voir enlever le mérite, et préférait qu'elles servissent au progrès de la science plutôt qu'à sa propre gloire. Cassini a publié, dans le Recueil de l'Académie des sciences, près de 80 mémoires sur divers sujets scientifiques, astronomiques et géodésiques.

Cassini II (Jacques), né à Paris en 1669, mort à Thury le 16 avril 1756, à l'âge de 87 ans. Il fut, comme son père, directeur de l'Observatoire, membre de l'Académie des sciences et de la Société royale de Londres. Le Recueil de l'Académie des sciences renferme de lui plusieurs mémoires importants, mais il est principalement connu pour ses travaux relatifs à la figure de la terre. Après avoir, avec son père, en 1700, poussé la méridienne jusqu'au Canigou, il la prolongea jusqu'à Dunkerque et publia, en 1720, son livre : *De la grandeur et de la figure de la Terre,* in-4°, puis, en 1740 : *Des Eléments d'Astronomie,* in-4°, entrepris sur la demande du duc de Bourgogne et traduits plus tard en latin, à Vienne, par le P. Hell. Il fut enterré dans la chapelle de la Vierge de l'église de Thury. Il avait fait établir dans son château de Filerval un bel observatoire où, avec son collègue Maraldo, de l'Académie des sciences, ils étudièrent divers phénomènes, entre autres l'éclipse de soleil de 1753.

Cassini III (César-François), né à Paris en 1714, mort dans la même ville en 1784, à l'âge de 70 ans.

Il fut reçu à l'Académie des Sciences, à peine âgé de 22 ans, et le Recueil de cette Société renferme de lui de nombreux mémoires. Mais son principal titre de gloire est la carte de France qui porte le nom de sa famille. Le jeune Cassini conçut un plan fort étendu consistant à faire la topographie entière du royaume, en déterminant la distance de tous les lieux à la méridienne de Paris. Jamais on n'avait entrepris un travail aussi vaste et d'une utilité plus générale. Cassini eut la consolation de le voir presque entièrement achevé et la gloire d'en avoir lui-même assuré le succès. Il y a, dans la bibliothèque de la Société académique, un cercle répétiteur ou théodolite, qu'on dit être l'un des instruments perfectionnés par François Cassini et dont il faisait usage pour son réseau de triangulation. Quand on considère cet instrument, en le comparant à ceux de nos jours, on est surpris que les opérations de Cassini aient présenté la précision et l'exactitude qui les distinguent.

Cassini IV (Jacques-Dominique), né à Paris le 30 juin 1747, mort le 18 octobre 1845 à l'âge de 98 ans. Il succéda à son père dans la place de directeur de l'Observatoire et il termina, en 1793, la carte topographique que celui-ci avait commencée et qui est si connue sous le nom de « carte de l'Académie, ou de Cassini ». Elle se compose de 180 feuilles à l'échelle de $\frac{1}{86.400}$ (1). Réunies, les feuilles forment un

---

(1) Cette fraction paraît singulière. C'est tout simplement que l'échelle de la carte est de une ligne par 100 toises. Or, dans 100 toises, il y a $(12 \times 12 \times 6 \times 100)$ 86,400 lignes.

rectangie de 11 mètres sur 11^m33. Elle a été, pendant longtemps, la plus belle carte topographique du monde. Celle du Dépôt de la Guerre, faite depuis, est à peu près à la même échelle, $\frac{1}{80.000}$. C'est la carte de Cassini qui servit, en 1790, à établir la division de la France en départements.

M. de Cassini, qui était noble, car on voit figurer un marquis de Cassini, seigneur de Thury, parmi les électeurs du bailliage de Clermont, en 1789, fut arrêté en 1793 et traduit devant le tribunal révolutionnaire. Il fut assez heureux pour sauver sa vie, mais il perdit les cuivres de sa carte, qui avaient coûté près d'un demi-million.

M. de Cassini, quand les temps devinrent plus tranquilles, reprit sa résidence de Thury; il fit partie du Conseil général depuis 1800 jusqu'à 1819 et présida cinq fois cette assemblée. Il eut la douleur de survivre à son fils, qui mourut, en 1832, à la suite d'une attaque de choléra. M. de Cassini avait été compris parmi les membres de l'Institut, lors de sa formation, et Napoléon lui donna le titre de comte, oubliant que le savant propriétaire de Thury était marquis avant la Révolution.

Cassini V (Alexandre-Henri-Gabriel), né à Paris le 9 mai 1784, mort le 16 avril 1832, du choléra. Après avoir commencé ses études au collège de Juilly, il les acheva à Thury, sous la direction de son père. Son séjour à la campagne lui donna le goût de la botanique, car le dernier des Cassini ne montrait aucune disposition pour les sciences exactes, au grand désespoir de son père. Il suivit, plus tard, des cours de Droit, à Paris, fut nommé, en 1810, juge au tribunal de la Seine, devint successivement vice-président, puis conseiller et président à la Cour royale, enfin conseiller à la Cour de Cassation. Il fut député de l'Oise sous la Restauration, puis pair de France. Il était, depuis 1827, membre de l'Institut (Académie des Sciences). M. de Cassini occupait ses loisirs à l'étude de la botanique, qui lui doit de précieuses découvertes. Il a fourni, au Recueil de l'Académie des Sciences et à diverses publications scientifiques, un grand nombre de mémoires qu'il réunit, en 1826, sous le titre d'*Opuscules phytologiques*, 2 vol. in-8. On y remarque principalement une monographie de synanthérées ou composées, l'une des plus importantes et des plus naturelles familles végétales, puisqu'elle comprend aujourd'hui plus de 10,000 espèces.

Avec Cassini V finit cette suite de savants, car ce dernier des Cassini n'avait qu'une fille.

A Paris, on a donné à une rue, qui passe devant l'Observatoire, le nom de l'illustre fondateur de cet établissement. Il y a également, à Clermont, une rue Cassini. Je crois qu'on a placé un buste ou une statuette d'un des Cassini dans une des salles du musée de la même ville, mais je n'en suis pas bien sûr. Ce que je sais, c'est qu'il y a quelque temps, la Société de topographie de France a ouvert une souscription pour ériger une statue à l'auteur de la grande carte de France. J'ignore si cette souscription a eu du succès.

LES ABBÉS

DE

SAINT-LUCIEN-LES-BEAUVAIS

A la fin du IIIe siècle, saint Lucien, l'apôtre des Bellovaques, fut martyrisé à Montmille, sur la hauteur qui domine le Thérain, à quatre kilomètres au nord-ouest de Beauvais, avec Maxien et Julien ses compagnons. Il avait fait de nombreuses conversions quand les Romains l'arrêtèrent sur cette montagne. Après avoir tué Maxien et Julien, ils tranchèrent la tête de Lucien ; la tradition veut, qu'après son supplice, le saint se leva, prit sa tête entre les mains, traversa le Thérain au lieudit La Miauroy, jusqu'au point où devait plus tard s'élever l'église de Notre-Dame-du-Thil et que là les chrétiens l'enterrèrent pieusement. La même tradition ajoute que le chemin que suivit le saint était bordé d'églantiers ou roses sauvages dont les fleurs qui étaient blanches devinrent rouges. Voilà une légende poétique, mais ce qu'il y a de certain c'est que les haies de Montmille à Saint-Lucien offrent aux botanistes, même aujourd'hui, un grand nombre de *rosa rubiginosa* aux pétales roses, quoique cette espèce d'églantiers soit assez rare dans le département. Dans son histoire ecclésiastique des six premiers siècles, (1093-1712) Tilemont, l'élève de Nicole, détruit quelque peu la légende ; d'après lui, saint Lucien avait sa tête entre les mains, mais c'est parce que les chrétiens, en prenant son corps pour le porter à Montmille, lui mirent dans les mains son chef tranché par les païens et le portèrent ainsi au lieu de sa sépulture. Les chrétiens nouvellement baptisés par le saint élevèrent en ce point un petit oratoire qui fut l'origine du village de Notre-Dame-du-Thil. Au commencement du VIe siècle, on bâtit une autre église consacrée à saint Pierre et à saint Lucien, qui, plus tard, devint l'abbaye royale de Saint-Lucien. Childebert, roi de Paris, lui attribua, vers 512, des biens considérables ; ayant été détruite par les Huns, elle fut rétablie par ordre du roi,

Chilpéric Ier, qui lui donna une charte et des revenus suffisants pour une communauté religieuse importante. L'abbaye fut sans doute détruite encore, en partie, par les Normands ; on ignore comment elle fut rétablie, mais on sait que l'un des évêques de Beauvais, Boyon, élu en 921, était un religieux de Saint-Lucien. La deuxième église abbatiale en ruine fut reconstruite au commencement du XIIe siècle.

Les évêques de Beauvais avaient la haute main sur l'abbaye ; ils y venaient fréquemment, avant de posséder le domaine de Bresles. C'est pour cela que, jusqu'à la fin du XVIIIe siècle, chaque année, le dimanche des Rameaux, une procession solennelle partait de la cathédrale pour aller à Saint-Lucien et qu'il était d'usage que les évêques de Beauvais, nouvellement nommés, partissent de l'abbaye pour faire leur première entrée dans leur ville épiscopale.

Les moines de Saint-Lucien étaient des Bénédictins ; cet ordre, l'un des plus anciens, puisqu'il fut fondé au VIe siècle par saint Benoit de Norsie, était le plus important de tous les ordres monastiques français ; Saint-Germain-des-Prés, Saint-Martin de Tours, Jumièges, Marmoutiers étaient aux Bénédictins et dans nos pays Saint-Lucien, Saint-Germer et l'abbaye de Breteuil leur appartenaient. L'ordre fut plusieurs fois reformé aux Xe, XIIe et XIVe siècles et enfin au XVIIe par la congrégation de Saint-Maur. Elle donna, on le sait, naissance à une grande école d'érudits et de travailleurs aussi modestes que savants, parmi lesquels on peut citer Mabillon, Montfaucon, Dom Bouquet et tant d'autres. Notre pays leur doit une grande reconnaissance pour avoir publié la *Gallia christiana*, la *France littéraire* et beaucoup d'ouvrages historiques dont la célébrité est européenne, et qui renferment bien des matériaux précieux pour l'histoire. Mais c'est assez nous occuper de l'ordre, parlons un peu des abbés puisque c'est l'objet de cette note.

Nous ne saurions mieux faire, pour cela, que de prendre nos renseignements dans l'excellente *Histoire de l'Abbaye de Saint-Lucien*, écrite, il y a une vingtaine d'années, par feu M. l'abbé Deladreue, curé de Saint-Paul, qui, avec M. l'abbé Renet, toujours vivant et travaillant toujours, a montré que certains membres du clergé de l'Oise ont conservé les traditions et la science des Bénédictins d'autrefois.

Les premiers abbés de Saint-Lucien étaient réguliers, c'est-à-dire élus par les moines, ils sont au nombre de quarante-quatre; il est vrai que les onze premiers ne sont connus que par leur nom et que, comme l'affirme M. Graves, l'existence de quelques-uns d'entre eux peut être considérée comme douteuse, car, jusqu'au commencement du XIe siècle, les véritables abbés de Saint-Lucien étaient, peut-être, les évêques de Beauvais. Depuis, on peut citer saint Thibault, 1070, Hugues qui fut auparavant abbé de Saint-Germer, Jean de Thury qui fit établir une chasse magnifique où l'on renferma les reliques de saint Lucien et qui donna lieu, en 1261, à une imposante cérémonie à laquelle assistèrent le roi saint Louis avec un cortège nombreux de princes et d'évêques.

Eudes de Nanteuil, en 1270, frère du cardinal Chollet ; Jean de Boran, pendant le gouvernement duquel, en 1346, l'abbaye fut saccagée par les anglais, quand ils tentèrent, inutilement, de surprendre la ville de Beauvais ; Jean de Villers-Saint-Paul, abbé de 1467 à 1492. En juin 1472, Charles le Téméraire qui allait commencer le siège de Beauvais, voulut s'emparer de l'abbaye. L'abbé, aidé de son frère le chevalier Florimond de Villers-Saint-Paul, les moines et les tenanciers, résistèrent plusieurs jours aux Bourguignons. Mais le chevalier ayant été blessé, l'abbé se rendit et Charles le Téméraire installa à Saint-Lucien son quartier général pendant la durée du siège. C'est Jean de Villers-Saint-Paul qui fut le dernier abbé régulier, après lui commencèrent les abus des commendes que vint régulariser le concordat de 1516, conclu entre François 1er et le pape Léon X.

Le roi et le pape se mirent d'accord pour supprimer les élections des abbés comme celles des évêques. Le roi pouvait ainsi disposer des bénéfices ecclésiastiques en faveur de ceux pour lesquels le pape ou les supérieurs ecclésiastiques accordaient l'institution canonique. La collation des bénéfices ecclésiastiques donna lieu, surtout aux XVIIe et XVIIIe siècles, aux abus les plus blâmables. Un seul titulaire cumulait souvent un grand nombre de bénéfices qu'il faisait administrer par des prêtres pauvres, par un prieur ou même un fermier, quand le bénéfice était une abbaye. L'abbé commendataire abandonnait aux moines une partie de ses bénéfices, peut-être le tiers ou le quart, c'est ce que l'on nommait la mense conventuelle. Et pour les consoler d'avoir perdu le droit de choisir leurs abbés, on leur laissa celui d'élire leurs prieurs, c'est-à-dire leurs véritables chefs ecclésiastiques, ceux qui gouvernaient le monastère dont les abbés ne s'occupaient guère que pour palper la part qu'ils s'étaient réservée.

Le premier abbé commendataire de Saint-Lucien fut Antoine Dubois, nommé en 1492, c'était un jeune homme de vingt et un ans. Le second, fut Odet de Coligny, évêque de Beauvais, nommé en 1537, il était en même temps archevêque de Toulouse, cardinal et avait la commende de seize autres abbayes ; en 1569, le cardinal Charles de Bourbon lui succéda en même temps qu'à l'évêché de Beauvais. Ce cardinal, comme nous l'avons dit dans un article précédent, fut proclamé roi de France par la Ligue sous le nom de Charles X. En 1575 le cardinal avait résigné son emploi, mais il conserva jusqu'à sa mort la commende de Saint-Lucien.

Après lui, ce fut son neveu, le second cardinal Charles de Bourbon qui le remplaça. A sa mort, le siège abbatial fut vacant pendant deux ans ; puis, accordé, en 1596, à Arthur de Coudren, le frère de l'ami de Henri IV. De 1598 à 1610, ce fut Antoine Besson qui pendant douze ans ne vint que deux fois à Saint-Lucien. Son successeur fut Antoine de Bourbon, fils naturel de Henri IV et de Gabrielle d'Estrées. C'était un laïque et la commende ne servit qu'à alimenter le luxe d'un bâtard royal dont les mœurs étaient loin d'être exemplaires.

En 1619, deux abbés se succédèrent dans la commende, Nicolas de Neufville, un bâtard également, conseiller-clerc du Parlement de Paris, à peine tonsuré ; puis, le cardinal de Berulle, homme de science et de vertu. C'est à cette époque que les Bénédictins adoptèrent la réforme de la congrégation de Saint-Maur, mais elle ne fut introduite à Saint-Lucien qu'en 1665.

En 1630, l'illustre cardinal de Richelieu fut nommé abbé de Saint-Lucien. Il ne s'occupa guère de son abbaye car il avait d'autres besognes plus sérieuses.

En 1642, le cardinal Mazarin le remplaça dans la conduite des affaires politiques comme dans la commende de Saint-Lucien. On connaît la rapacité du cardinal : il cumulait les bénéfices ecclésiastiques d'une manière réellement scandaleuse si bien que les pauvres moines de certains couvents étaient réduits à une portion congrue ; l'avare abbé de Saint-Lucien était ministre d'Etat, duc de Mayenne, pair de France, évêque de Metz, abbé de Saint-Denis, de Saint-Waast d'Arras, de Saint-Médard de Soissons, etc., en tout vingt-trois des plus riches abbayes de France, qui lui produisaient un revenu annuel de plus de 700,000 livres (qui représenteraient, aujourd'hui, plus d'un million et demi de revenus). Ajoutez à cela que l'astucieux italien trafiquait de toutes espèces d'offices, vendait les charges de la maison du roi, de la jeune reine, partageait avec les traitants les bénéfices d'opérations frauduleuses, achetait à vil prix des créances douteuses sur l'Etat qu'il faisait payer à leur valeur nominale. Enfin, il s'enrichissait de toutes façons et près de lui les panamistes, dont on parle depuis quelque temps, ne sont que de petits saints. Quand l'abbé de Saint-Lucien mourut, les profits de son administration et de ses bénéfices ecclésiastiques, pendant moins de dix ans, s'élevaient, y compris ses palais et ses magnifiques collections, à plus de 150 millions de livres (300 millions d'aujourd'hui). Il avait donné à ferme sa commende de Saint-Lucien, et peu de temps avant sa mort les religieux se virent forcés d'intenter un procès à son fermier général au sujet des bâtiments des fermes qu'il laissait tomber en ruines faute d'entretien.

Après Mazarin, ce fut le cardinal Mancini qui lui succéda, en 1661. Il n'était pas le neveu du cardinal, quoi qu'en ait dit la *Gallia christiana,* mais son allié par le mariage de son frère Laurent Mancini avec la sœur de Mazarin. Avec Saint-Lucien, il possédait également la commende de trois autres abbayes.

En 1672, ce fut l'illustre Bossuet qui fut abbé. Bossuet était alors précepteur du Dauphin, il n'avait aucune fortune et la commende de Saint-Lucien lui fut donnée pour récompenser ses talents et ses œuvres. Le grand orateur sacré était plus scrupuleux que ses prédécesseurs. Car, lorsqu'il fut nommé évêque de Condom, en 1669, il voulut abandonner la commende de Saint-Lucien, et il fallut les instances de ses amis et du roi pour lui démontrer qu'il n'y avait pas abus ; il eut les mêmes scrupules, en 1681, quand il eut le siège de Meaux. Du reste, Saint-Lucien fut la seule abbaye qu'il consentit à posséder. Bossuet, d'après l'abbé Deladreue, s'occupa sérieusement, d'ailleurs, du temporel et du spirituel de son abbaye.

Après la mort de Bossuet, en 1704, ce fut son neveu, nommé comme lui, Jacques Bossuet qui le remplaça. En 1744, il eut pour successeur Renaud de Villeneuve, évêque de Viviers ; puis, en 1766, Louis Philyppeau d'Herbaud, archevêque de Bourges, qui ne fut pas remplacé. Ce fut le dernier abbé, car la Révolution de 1789 vint finir brusquement l'histoire de l'abbaye royale de Saint-Lucien-les-Beauvais *(Abbatià sancti Luciani Bellovacensis)*.

Après avoir parlé des abbés, nous nous occuperons, dans un prochain article, de l'abbaye elle-même, de ses religieux, des biens et des revenus qu'elle possédait.

PHILIPPE DE DREUX

ET

LES BEAUVAISINS A BOUVINES

———

Nous ne savons si les Beauvaisins de
nos jours ont le caractère bien belliqueux,
mais leurs pères avaient le goût des batailles, car, il y a *six cent quatre-vingt-
deux ans*, ils combattirent victorieuse-
ment à Bouvines en contribuant à repousser du sol français les Anglais et les Allemands réunis. Il est vrai que 46 ans avant
Jésus-Christ, c'est-à-dire, il y a *dix-neuf
cent quarante-deux ans*, les Bellovaques
nos ancêtres défendirent pied à pied, contre César, la vallée du Thérain et que leur
chef Corréus y périt héroïquement plutôt

que de se rendre au conquérant romain. Enfin, en 1472, il y a *quatre cent vingt-quatre ans* non seulement les Beauvaisins, mais leurs femmes et leurs filles résistèrent pendant trois semaines aux quatre-vingt mille hommes de Charles le Téméraire. Notre passé n'est donc pas sans gloire depuis près de 2,000 ans, mais de ces souvenirs lointains il ne reste que les décharges des inoffensifs canons auxquels les jeunes beauvaisines mettent le feu tous les ans avec un sang-froid qui démontre que les instincts guerriers d'autrefois n'ont pas complètement disparu. Le dévouement de Corréus n'est pas oublié; une rue de la ville en a le nom, deux autres portent ceux de Jean-de-Lignières et de Jacques-de-Guehengnies qui défendirent héroïquement les portes de la ville contre une attaque des Anglais en 1433, *il y a quatre cent soixante-trois ans.*

La statue de Jeanne Lainé et la rue Jeanne-Hachette, nous rappellent la défense de 1472, et le goût de la toilette de certaines dames de la ville montre bien qu'elles se rappellent que le roi Louis XI, voulant reconnaître le courage des Beauvaisines pendant le siège, leur accorda, contrairement aux lois somptuaires de l'époque, par ses lettres patentes du mois de juin 1473, datées d'Amboise, contre-signées par le comte de Dunois, le vicomte

de Narbonne, le sire de Linières et le
baillif du Vermandois, une faveur toute
particulière ; voici ce qu'il y est dit :

« ... Avons en oultre voulu et ordonné
« que icelles femmes allent dorésna-
« vant en la Processio, incontinent après
« le clergé et précèdent les hommes icel-
« luy jour et qu'ainsi le facent à l'offrande
« qui se fera à la messe. Et en oultre que
« toutes les femmes et filles qui sont à
» présent, et *seront cy-après en la dicte*
« *ville*, se puissent, et chacune d'elles a
« tousiours, le jour et solennité de leurs
« nopces, et *toutes autresfois que bon leur*
« *semblera après* vestir et orner de tels
« vestemens, atours, iojoaux, aornemens,
« que bon leur semblera, et dont elles
« pourront recouvrir, sans que, pour rai-
« son de ce, elles, ny aucunes dicelles, puis-
« sent être aucunement notées, reprises
« ou blasmées pour raison de quelque
« estat ou coditio quelles soient ny autre-
« ment. »

Voilà qui est précis et formel. Nous ne
savons si *les Choses du vieux Beauvais*
ont des lectrices, mais s'il s'en trouvaient
ayant quelque dette criarde chez leur cou-
turière ou leur modiste et que leur mari
leur montrât les grosses dents, nous les
engageons à se révolter contre la tyrannie
maritale, en disant à leur avare époux que
les lettres patentes du roi Louis XI de juin

1473, n'ont pas été abrogées, qu'on peut même, pour en assurer l'exécution, comme le disent les dites lettres patentes, recourir au bailly de Senlis, aux justiciers et officiers et à leurs lieutenants, ce qui correspondrait de nos jours au tribunal civil et à la gendarmerie. — Et le mari n'aura rien à dire ; il devra solder intégralement les dépenses de toilette de son épouse. *Dura lex, sed lex.*

Mais soyons sérieux, si Corréus, Jean de Lignières, Jacques de Guehengnies et Jeanne Hachette ne sont pas oubliés, il n'en est pas de même de Philippe de Dreux et des milices communales combattant à Bouvines ; il est donc utile de leur consacrer quelques pages dans notre étude rétrospective de Beauvais et du Beauvaisis.

Il n'y avait pas d'armées régulières au XIIIe siècle ; il n'existait que des troupes féodales. Chaque propriétaire de fief devait le service militaire à son seigneur ; il le lui devait personnellement mais il avait en outre l'obligation de fournir un certain nombre d'hommes d'armes proportionné à l'importance de son domaine féodal et tous, comtes, barons, chevaliers et écuyers devaient le service à leur suzerain le roi de France. Les communes qui venaient de naître, subissaient les mêmes obligations féodales en échange de la liberté qui résultait de la charte communale que leurs seigneurs ou le roi leur avait octroyée.

A Beauvais, à cette époque, les milices communales se composaient généralement des gens de pieds auxquels se réunissaient quelques cavaliers ; ce corps de milice s'élevait à Beauvais à plus de 1,500 hommes.

Quand le roi convoquait le ban et l'arrière ban pour former *l'ost* ou armée nationale, l'Evêque-Comte de Beauvais qui, comme pair de France, tenait un grand fief du roi et était un puissant seigneur, réunissait sous sa bannière le vidame de Gerberoy, les chevaliers et écuyers tenant ses fiefs et arrière-fiefs aux milices de sa bonne ville. Il formait ainsi une petite armée de trois ou quatre mille hommes dont les nobles constituaient la principale cavalerie. Nous devons dire que les abbés et prieurs du diocèse, qui ne devaient pas le service personnel, fournissaient quelques soldats pris parmi les tenanciers les plus robustes de leurs abbayes ou couvents.

En 1214, Philippe de Dreux était évêque de Beauvais depuis 1175. Ce Prélat était le petit-fils de Louis-le-Gros, le neveu de Louis VII dit le jeune et conséquemment le cousin germain du roi Philippe-Auguste, c'était un évêque guerrier, car il passa sa vie les armes à la main. Il alla deux fois en Palestine et fut prisonnier des infidèles, il fut également prisonnier des Anglais en 1196, à Milly, lorsqu'il entreprit de les repousser quand ils assiégeaient cette place, enfin, il prit part à la croisade contre les Albigeois en 1210.

Mais parlons de la bataille de Bouvines à laquelle l'évêque et les milices communales de Beauvais prirent une part importante et glorieuse.

En 1213, une ligue puissante s'était formée contre Philippe Auguste et contre la France entre le roi d'Angleterre et l'empeur d'Allemagne, auxquels s'étaient réunis le roi de Bohème, les ducs de Saxe, de Lorraine, de Brabant et presque tous les princes de l'Empire germanique. De plus, presque tous les grands vassaux de la couronne française, à l'exception du duc de Bourgogne et du comte de Champagne s'étaient alliés à ses nombreux ennemis. Le roi de France ne s'épouvanta pas ; il passa l'hiver en préparatifs et vint au devant de l'ennemi qui avait réuni plus de 120,000 hommes. L'empereur Otton paraissait sûr de la victoire, car il emmenait avec lui quatre charriots chargés de cordes destinées à lier les chevaliers français. Les anglo-allemands s'étaient concentrés aux environs de Bouvines, petit village au sud de Lille. Dans l'armée française, qui n'était que de 75,000 hommes environ, figuraient non seulement les milices communales de Beauvais, mais celles de Corbie, d'Amiens, Arras et Compiègne. La bataille commença le 27 juillet au matin ; elle dura trois heures et les milices furent chargées de défendre l'oriflamme, l'étendard royal ; on se battit avec

Philippe de Dreux à Bouvines.

fureur, les chevaliers flamands, brabançons et anglais en véritables héros. Les comtes de Boulogne et de Salisbury avaient fait reculer les français quand l'évêque de Beauvais et ses troupes se pré-

cipitèrent au plus fort de la mêlée. De peur
de transgresser les canons de l'Eglise qui
défendent aux clercs de verser le sang, le
fougueux Philippe de Dreux, pourtant âgé
de près de 60 ans, assommait ses ennemis au lieu de les pourfendre. D'un coup
de sa masse d'armes, il renverse le général
anglais et terrasse le comte de Salisbury,
le gigantesque Guillaume Longue-Epée,
tout en recommandant à ses compagnons
de dire que c'étaient eux qui avaient exécuté ce « grand abattis » de peur qu'on ne
l'accusât d'avoir fait œuvre blâmable pour
un prêtre.

D'après Hugues le Breton, à un moment les milices communales accoururent
au cœur de la bataille pour sauver Philippe-Auguste que le comte de Boulogne
et Otton réunis attaquaient à la fois. Et,
quoique les communes eussent été re-
poussées par le grand nombre des atta-
quants, elles ne laissèrent pas que de faire
en cette rencontre « ce que peuvent de
« bons sujets pour la conservation de la
« couronne, de la liberté et de la vie de
« leur roi. » Les communes de Beauvais
firent à la fin du combat en ce point un
très grand nombre d'illustres prisonniers
pour quelques-uns desquels elles obtinrent
caution d'une rançon de 100 livres parisis
(6,000 francs d'aujourd'hui?) de la part
de quelques seigneurs beauvaisins qui les

connaissaient ; enfin l'ennemi fut repoussé de toutes parts.

La France était sauvée du plus grand danger qu'elle eût couru depuis long-temps ; aussi rien n'égala l'enthousiasme avec lequel Philippe-Auguste fut reçu par les populations des pays qu'il traversa pour rentrer à Paris.

Guillaume le Breton, chroniqueur et poète du temps, a écrit en latin une narration de la bataille de Bouvines dans son histoire de Philipe-Auguste « *Historia de vita et gestis Philippi Augusti* » qui est en prose et dans un poème de dix mille vers latins, *la Philippide,* qui a été traduit dans la collection Guizot. En 1865 un obélisque fut élevé sur le champ de bataille de Bouvines.

Cette bataille est l'aurore de notre nationalité, et le peuple, représenté par les milices communales, y fit la première fois son apparition sur les champs de bataille. Les milices, armées à la légère, ne craignirent pas de se mesurer avec cette chevalerie presque invulnérable sous ses lourdes armures de fer.

Quant à Philippe de Dreux, il mourut en 1217 après une existence mouvementée et plus guerrière qu'épiscopale, car, comme le dit Hélinand, le moine poète de Froid-mont, en parlant de cet évêque : *Fecit bellator quàm clericus,* et Vincent de

Beauvais, après lui, l'appelle : *virum in armis strenuum.*

Il n'était pas inutile, nous le supposons du moins, de rappeler à nos compatriotes la conduite glorieuse des Beauvaisins et de leur évêque à la bataille de Bouvines.

L'ABBÉ HAÜY

———

Cet excellent homme vécut dans l'obscu-
rité pendant de longues années, travaillant modestement dans son petit coin et
il se trouva qu'un beau jour son nom fut
connu dans toute l'Europe. Il vit les plus
grands monarques lui payer le tribut de
leur admiration, ses cours furent suivis
par une pléiade de savants éminents parmi
lesquels se trouvaient Lavoisier, Lagrange, La Place, Fourcroy, Berthollet,
Geoffroy-Saint-Hilaire, Brongniart, Beu-
dant, Cordier et tant d'autres. L'illustre Cuvier fit son éloge historique à l'Académie des Sciences. Haüy mourut couvert de gloire, mais toujours simple et ne
paraissant pas se douter qu'il était l'une
des illustrations de la France.

5*

René-Just Haüy naquit le 28 juin 1749, dans le Beauvaisis à Saint-Just-en-Chaussée, petit bourg compris dans le diocèse de Beauvais, doyenné de Breteuil. Son père était un humble tisserand, un mulquinier, car la fabrication des toiles de lin était au XVIIIᵉ siècle l'industrie principale de Saint-Just et des villages voisins. Il n'aurait jamais pensé à faire de son fils autre chose qu'un tisserand comme lui. René-Just, tout enfant, prenait un plaisir singulier aux cérémonies religieuses et aux chants de l'Église. Il fut remarqué par le prieur de l'abbaye de Prémontrés qu'on venait de re-

L'abbé Haüy.

construire à Saint-Just en 1748. Ce prieur, Dom Opinel, s'intéressa à cet enfant dont il avait remarqué l'assiduité au service divin, il chercha à lier conversation avec lui et, s'apercevant de la vivacité de son intelligence, il lui fit donner des leçons par quelques-uns de ses moines. Les progrès de l'enfant, dit Cuvier, ayant répondu aux espérances du prieur, celui-ci fit entendre à la mère, qui était devenue veuve, que si elle pouvait conduire son fils à Paris, il le recommanderait pour lui faire obtenir les ressources nécessaires afin de continuer ses études. Arrivé à Paris, le pauvre petit garçon ne trouva d'autre moyen de vivre qu'en se faisant enfant de chœur dans une église du quartier Saint-Antoine.

Enfin, le crédit des Prémontrés de Saint-Just lui fit obtenir une bourse au Collège de Navarre. Sa bonne conduite et son application lui méritèrent l'intérêt de ses nouveaux maîtres et à la fin de ses études classiques, on l'employa comme maître de quartier, puis il devint régent de 4ᵉ. Quelques années plus tard il passa au Collège du cardinal Lemoine et entra dans les ordres sacrés. Il reçut des leçons de physique de Brisson et prit goût à cette science. Un de ses collègues était Lhomond le grammairien qui occupait ses loisirs à herboriser ; Haüy le suivait dans ses promenades et pendant une de ses vacances à Saint-Just il se fit enseigner un peu de botanique par un des pères Prémontrés. Haüy devint vite un botaniste habile et les systèmes de classification de cette science lui donnèrent le goût des méthodes. Il se promenait souvent au jardin du roi avec l'excellent Lhomond. Un beau jour il lui prit fantaisie d'aller au cours de minéralogie qu'y faisait le savant et modeste Daubenton. Cette nouvelle science lui plut ; mais Haüy ne se bornait pas à profiter des leçons du maître, il réfléchissait et il se disait, lui botaniste, qu'il était étrange que la même pierre, le même minéral se montrassent sous des formes géométriques différentes sans que leur composition changeât d'un atôme, tandis que la rose a toujours les mêmes pétales, le gland la même cupule. Ces idées le hantaient constamment quand un beau jour, chez un de ses amis il eut l'heureuse maladresse de laisser tomber un groupe de Spath calcaire cristalisé en prisme, ce prisme se brisa, Haüy ramassa les morceaux, en examina les faces et remarqua qu'ils présentaient un cristal nouveau tout différent du prisme par la forme. Rentré chez lui, il renouvela ses expériences sur un Spath cristallisé en hexaèdre. il le casse et voit encore en sortir un romboïde comme pour le spath d'Islande, il brise un troisième cristal, celui que l'on nommait lenticulaire, c'est encore un romboïde qui se montre au milieu et des petits romboïdes qui s'en détachent autour. *Tout est trouvé* dit Haüy, les molécules du spath calcaire n'ont qu'une seule et même forme; c'est en se groupant diversement qu'elles présentent des cristaux dont l'extérieur fait illusion. Ce principe de la cristalisation se dit

encore Haüy, n'est pas spécial au spath sans
doute et ne peut manquer de se présenter
dans les autres minéraux ; et voilà le bon
abbé qui se met à frapper à coups de mar-
teaux les principaux échantillons de sa
collection et remarque que son idée est
juste : dans le grenat c'est le tétraède qui
est le cristal moléculaire, dans le spath
fluor, l'octaèdre, dans la pyrite c'est un
cube. Nous ne suivrons pas toutes les expériences d'Haüy et ses recherches sur le
calcul des angles des cristaux auxquels il
se livra. Haüy fit part de sa découverte à
Daubenton qui en instruisit La Place, celui-ci engagea Haüy à faire part de sa découverte à l'Académie des Sciences ; ce fut
tout une histoire pour l'y décider. Il y lut
en janvier et en avril 1781 deux mémoires
successifs qui firent l'admiration de l'a-
cadémie. Cette savante assemblée désirait
posséder Haüy dans son sein, mais il n'y
avait pas de place vacante dans la section
de physique et de minéralogie, on le nomma dans la section de botanique. Son élection eut lieu en février 1783. Haüy avait
alors 40 ans. Ses collègues de l'Académie
lui demandèrent des explications orales
et bientôt Lagrange, Lavoisier, La Place,
Berthollet, vinrent au collège prendre
les leçons d'un simple professeur de seconde qui, dit Cuvier, était tout confus de
se voir devenu le maître de savants dont il

aurait à peine osé se dire le disciple. Les découvertes de Haüy lui furent contestées; on le plaisanta même, on le surnomma le cristalloclaste (briseur de cristaux); mais enfin on finit par lui rendre, dans tout le monde savant, la justice qui lui était due.

Quand Haüy eut vingt ans de service dans l'université il put obtenir la pension d'émérite et se consacra entièrement à la science. Il y joignit un petit bénéfice qu'on lui fit obtenir et avec ses maigres ressources il se trouva fort heureux, car on lui avait conservé son logement au collège. Mais la révolution survint et lui enleva d'abord son bénéfice. Plus tard, ayant refusé le serment à la constitution civile du clergé il perdit sa pension de professeur, puis fut mis en prison avec d'autres prêtres. Geoffroy-St-Hilaire apprenant son arrestation se réunit à divers académiciens, aux fonctionnaires du Jardin des Plantes et obtint très facilement l'élargissement de l'inoffensif Haüy, il fut délivré le 1er septembre 1792; il était temps car le lendemain c'était le massacre des prisons.

Enfin on ne l'inquiéta plus, mais on le mit dans la garde nationale; le pauvre abbé convoqué à une revue de son bataillon se montra si timide, si effaré et si ridicule qu'on le réforma au plus vite.

Au mois de septembre 1793 il fut nommé membre de la commission des poids et mesures. Lorsque Lavoisier fut arrêté, Borda et Delambre destitués, Haüy eut le courage seul d'écrire en leur faveur. On ne le tourmenta pas et cependant l'abbé, quoique prêtre non reconnu, remplissait toujours ses fonctions ecclésiastiques.

En 1795 il fit avec un grand succès un cours de physique à l'école normale créée par la Convention et fit partie de l'Institut dès sa création.

C'est au cabinet du conseil des mines que Haüy a préparé son traité de minéralogie qui parut en 1801, 4 volumes et un atlas, ouvrage aussi remarquable par sa science que par la méthode et la rédaction. A la mort de Daubenton ce fut Dolomieu qui lui succéda comme professeur de minéralogie au Muséum. Dolomieu était alors prisonnier en Sicile, on le proposa à Haüy qui le refusa ; ce ne fut qu'à la mort de Dolomieu que le savant abbé consentit à prendre la place à laquelle il avait si généreusement renoncé. Haüy avait une très belle collection minéralogique qui s'enrichissait tous les jours par les dons qu'il recevait ; les plus belles pierreries de l'Europe passèrent devant ses yeux ; Haüy n'y voyait que des cristaux. Il recevait de fréquentes visites de personnes désirant recevoir ses conseils, il recevait tout le monde avec la même aménité, les étudiants les plus humbles comme les personnages les plus savants. Au rétablissement du culte le premier consul le nomma chanoine de Notre-Dame et à la création de l'Ordre de la Légion d'honneur il fut nommé chevalier.

Sur les instances de l'Empereur, Haüy écrivit un traité de physique si clair et si bien fait que Napoléon, à l'île d'Elbe, occupait ses loisirs à le relire. Aussi, à son retour en France, il lui demanda ce qu'il désirait qu'il fut fait pour lui. Haüy se borna à demander qu'on le mit à même de se rapprocher de sa famille. L'Empereur fit donner un petit emploi de finances au mari de sa nièce et nomma Haüy officier de la Légion d'honneur.

La restauration supprima l'emploi de son neveu, lui enleva son grade d'officier de la Légion d'honneur et une loi de finances lui retira sa pension qui ne pouvait plus se cumuler avec son traitement d'activité. Toutes ces disgrâces, tombant sur cet excellent homme, étaient d'autant plus fâcheuses, que l'abbé avait à sa charge son frère Valentin Haüy, l'instituteur des aveugles qui revenait de Russie, malade et sans ressources. Haüy avait heureusement les goûts les plus simples ce qui lui rendait ces coups moins sensibles. Il eut, d'ailleurs, des compensations. Tous les souverains alliés, pendant leur séjour à Paris, lui rendirent visite, les grands-ducs de Russie prirent ses leçons et lui offrirent même 600,000 livres de ses collections particulières, mais Haüy les réserva à la France. Cependant, à sa mort, elle les laissa acquérir pour l'Angleterre par le duc de Buckingham. En 1848, elles ont été rachetées par la France, en vertu d'un décret de l'Assemblée nationale ; elles sont aujourd'hui au Muséum.

Haüy conserva toute sa vie ses habitudes de simplicité et quand il venait à Saint-Just, aucun de ses anciens voisins n'auraient pu soupçonner à ses manières, qu'il fut devenu un personnage si célèbre. Haüy aimait à se promener après avoir consacré toutes ses matinées au travail et quand il avait terminé ses cours. On dit qu'un beau jour il rencontra sur les boulevards deux anciens soldats qui allaient se battre en duel ; après s'être informé de leur querelle, il les raccommoda et, pour s'assurer quelle ne renaîtrait pas, il alla sceller avec eux la paix à la manière des soldats, en trinquant au cabaret.

Haüy mourut âgé de près de 80 ans, le 3 juin 1822, à la suite d'une chute qu'il fit dans sa chambre. Avant de mourir, le malade reçut le prince royal de Danemarck, son ancien élève qui, à plusieurs reprises, témoigna au bon abbé les marques de son intérêt dans les termes les plus expressifs et les plus touchants. Haüy avait eu la

douleur de perdre son frère au mois de
de mars 1822.

Ce modeste savant était un grand tra-
vailleur, les mémoires qu'il a donnés à
l'Académie et dans une foule de recueils
scientifiques sont innombrables. Avec son
grand traité de minéralogie et de physique,
on peut citer divers autres ouvrages sur la
cristallographie et les pierres précieuses.

Il est même l'auteur d'une fable en vers
en l'honneur de son ami Lhomond : La
Fête du Marrube noir (botanique et poésies mêlées). Cette bluette fut imprimée
en 1826, après la mort d'Haüy, par les
soins de ses amis. Haüy a, dans la
grande galerie de minéralogie du Muséum, sa statue en marbre blanc par
Brion, mais pas une rue de Paris ne porte
le nom de ce savant qui habita cependant
la capitale pendant plus de 60 ans. J'ignore
si le bourg de Saint-Just-en-Chaussée a
témoigné la même indifférence pour le
plus illustre de ses enfants et je n'ai pas le
temps de m'en informer.

Nous consacrerons prochainement quelques pages à Valentin Haüy, le frère de
l'abbé, l'auteur d'un plan d'éducation
pour les aveugles. l'inventeur d'un système d'impression leur permettant de lire
au moyen du toucher. Pas une des rues de
Paris ne porte le nom de ce bienfaiteur
de l'humanité, mais, dans le 12º arrondis-

sement, non loin de l'hospice des Quinze-Vingt, on n'a pas manqué de donner à une grande avenue le nom de Ledru-Rollin, farceur politique et malfaisant. Hélas ! les hommes gardent volontiers la mémoire des conquérants et des particuliers qui n'ont fait que du mal et oublient volontiers ceux qui ne leur ont fait que du bien.

LE SIÈGE

DE L'ABBAYE DE SAINT-LUCIEN

EN 1472

—

A la fin de 1471, à la suite d'une brouille
avec le duc de Bourgogne, les troupes du
roi Louis XI s'emparèrent d'Amiens et de
plusieurs villes de Picardie qui appartenaient au duc depuis le traité de Saint-
Maur, en 1465. A ces nouvelles, le bouil-
lant Charles devint furieux et rassembla le
ban et l'arrière-ban de ses vassaux et
communes de son duché de Bourgogne,
de sa comté, des Flandres, du Luxembourg, du Brabant et du Limbourg. Le
duc n'avait pas encore de troupes d'ordonnance et son armée était toute féodale,
mais il y avait joint des troupes merce-

6

naires d'Anglais et d'Italiens qu'il avait prises à sa solde. Son artillerie était superbe et la plus belle de l'Europe à cette époque.

A la tête d'une formidable armée de 80,000 hommes, Charles de Bourgogne marcha sur la Somme et reprit plusieurs de ses villes sur les Français. Il mit le siège devant Amiens et y échoua ; mais, après une courte trève, il revint plus furieux et le 12 juin 1472, il emporta la ville de Nesles, l'incendia et fit couper le poing à toute la garnison. Furibond, il entra à cheval dans l'église encombrée de morts et de mourants et dit : « J'ai de bons bouchers avec moi, voilà une belle vue ! »

Le duc était d'ailleurs d'une violence extrême ; il traitait durement ses chevaliers et ses soldats, et sa discipline était si dure, qu'un jour il assomma un homme d'armes mal équipé comme l'eût fait un chef de barbares. Ses troupes le craignaient, mais n'avaient aucune affection pour lui, les officiers étaient aigris par ses procédés hautains; parfois ils quittaient son service, comme le fit Commines, pour se donner au roi de France qui caressait et payait bien.

C'est à cette désaffection qu'il faut attribuer en partie les défaites de Charles de Bourgogne devant Beauvais, dans la

Suisse et finalement devant Nancy, où il périt misérablement.

En abandonnant Nesles, le Téméraire voulut se diriger sur la Normandie, portant partout sur son chemin la flamme et la dévastation ; mais passant non loin de Beauvais, il prétendit s'emparer de cette ville qu'il savait sans garnison. De Breteuil, il écrivit aux Maire et pairs une lettre où il leur demandait d'ouvrir leurs portes, leur promettant son alliance et sa protection. Cette lettre fut envoyée aussitôt au roi Louis XI. Le samedi 27 juin, à l'aube du jour, son avant-garde, commandée par Philippe de Crèvecœur, maréchal des Gordes, arriva dans la plaine de Tillé, Charles les suivait de près et envoya à la porte de l'Hôtel-Dieu, un héraut sommant la ville de se rendre ; on refusa de parlementer. Les Beauvaisins connaissaient les cruautés du duc et étaient résolus de lui résister énergiquement.

Furieux, le Téméraire, trouvant inutile sans doute de prendre position sur les hauteurs au sud de la ville pour l'investir et ne pensant pas que des bourgeois feraient grande résistance, ordonna l'assaut entre 7 et 8 heures du matin.

Nous ne dirons rien de plus de cette glorieuse défense, nous réservant de lui consacrer prochainement une de nos causeries, mais nous allons rapidement donner quelques détails sur le siège que subit également l'abbaye de Saint-Lucien en même temps que la ville.

Cette abbaye, au xv⁰ siècle, était entourée de murs élevés dont on voit encore quelques restes le long du chemin en face de l'église de Notre-Dame-du-Thil ; çà et là ils étaient renforcés par des échauguettes, des tourelles et des tours dont la principale existe encore le long de la rue Verte. Seul, le côté sud, que bordait le Thérain, n'était pas fortifié, mais la rivière formait une défense naturelle que l'abbé rendit meilleure par des levées de terre qu'il fit établir dès qu'il apprit la marche du duc vers le Beauvaisis.

Cet abbé, prudent et résolu, était Jean de Villers-Saint-Paul, issu d'une famille noble des environs de Clermont en Beauvaisis.

Après les assauts infructueux du 27 juin contre les portes du Limaçon, de l'Hôtel-Dieu et de Bresles, Charles de Bourgogne jeta ses troupes dans les villages de Therdonne, Marissel, Tillé et N.-D. du Thil et voulut établir son quartier général dans l'abbaye de Saint-Lucien, admirablement placée pour surveiller les futures attaques. L'abbé avait près de lui son frère le chevalier Florimond de Villers-Saint-Paul, valeureux soldat qui conseilla à l'abbé de résister au duc. On arma les moines, les frères servants, les domestiques et les paysans qui s'étaient réfugiés dans le monastère. Cette garnison improvisée comptait une centaine d'hommes. Quand Charles fit sommer l'abbé de lui ouvrir les portes, il refusa et le duc ordonna l'assaut que suivirent d'autres attaques pendant la journée du 28 et la nuit du 28 au 29. Les défenseurs se multiplièrent, repoussèrent valeureusement les attaques en occupant les ouvertures et les murs. Malheureusement, le chevalier Florimond fut dangereusement blessé en défendant la porte principale de l'Ouest. Les moines et l'abbé voulaient continuer la défense, mais le brave Florimond eut la force de leur faire remarquer qu'il y avait une immense armée autour d'eux et qu'il valait mieux chercher à obtenir de bonnes conditions que de voir l'abbaye mise à sac et ses défenseurs égorgés par le féroce Bourguignon.

Le duc, ignorant la blessure du chef des défenseurs du monastère, et heureux d'en finir, accorda la vie sauve à la garnison et promit de respecter l'abbaye pouvu qu'on le laissât s'y établir.

Ainsi finit le siège de l'abbaye de Saint-Lucien, dont les moines, quelques domestiques et paysans résistèrent pendant près de deux jours à des troupes nombreuses et aguerries.

Enfin le mercredi 22 juillet le duc de Bourgogne quitta l'abbaye et leva le siège de Beauvais qui dura 25 jours.

La ville subit plusieurs assauts furieux les 27 juin et 9 juillet.

Le brave Florimond de Villers-Saint-Paul succomba des suites de ses blessures peu de jours après la retraite du Téméraire.

Ce fut, comme le dit M. l'abbé Deladreue dans son histoire de l'abbaye de Saint-Lucien, un deuil général dans la communauté. Le corps du valeureux gentilhomme fut inhumé dans le chœur de l'église abbatiale où on lui éleva un magnifique mausolée sous une double arcade. Sa statue, armée de toutes pièces, y était étendue et au bas on voyait quatre animaux symboliques portant les armes des Villers-Saint-Paul : *d'argent à*

Tombeau de Florimond de Villers-St-Paul.

la bande de sable, chargée de 3 fleurs de lys d'or, ainsi que celles de la maison de Mailly, alliée aux Villers. Le dessin de ce monument, tiré de la bibliothèque d'Oxford, se trouve dans l'histoire de M. Deladreue.

En écrivant ces quelques pages nous avons voulu rappeler l'un des épisodes glorieux du siège de Beauvais en 1472. Le Téméraire y eut tous les malheurs et particulièrement la honte de n'avoir à combattre que contre des *adversaires portant robes*, celles des femmes et filles de la ville et les robes des belliqueux bénédictins de Saint-Lucien que commandait, il y est vrai, le valeureux chevalier de Villers-Saint-Paul.

JULES CÉSAR

ET SES GASCONNADES

La lutte héroïque soutenue par la Gaule barbare contre le plus grand capitaine des temps antiques, n'a eu d'autre historien que le vainqueur lui-même, et les commentaires qu'il a écrits n'ont guère été contestés de son temps. Cependant Suétone reprend la critique faite par Asinius Pollien : « César a cru trop facilement cer- « taines choses qui lui ont été rapportées ; « quant à ses propres faits, il ne les pré- « sente pas toujours exactement. »

Son livre est un monument que le peu scrupuleux César a érigé à sa gloire, et, comme le dit Suétone, il ne s'est pas privé d'altérer la vérité pour exalter son mérite militaire et son génie stratégique.

Ce merveilleux écrivain ne parle, en réalité, que de sa personne, mais avec une si grande habileté qu'il ne paraît jamais occupé de lui-même.

Certes, ses commentaires sont admirables et il est heureux que ce magnifique ouvrage ait échappé à la destruction qui nous a privés de tant de chefs-d'œuvre de l'antiquité. Mais si les Gaulois, de leur côté, avaient eu un historien des luttes de leur indépendance, les choses eussent été présentées bien différemment.

Quand on lit ces commentaires, dit M. Zeller, on se souvient naturellement de la fable du bon Lafontaine : *Le lion abattu par l'homme* et l'on se dit en pensant aux Gaulois, que, comme le lion du fabuliste, ils auraient pû objecter :

> Mais l'ouvrier vous a déçus
> Il avait liberté de feindre
> Avec plus de raison nous aurions le dessus
> Si nos confrères savaient peindre.

Je ne sais quel écrivain du XVe siècle a écrit ceci : « Si nos anciens avaient fait des « livres de leurs affaires, ils parleraient « un autre langage que celui dont nous « usons à cette heure. Ce César nous a « laissé de jolis mémoires, mais je vou-« drais que ç'eût été Caton, non lui, qui « eût écrit ces mémoires. Nous saurions « mieux les méchancetés qu'il a faites « dans notre pays. »

Malheureusement, César n'a pas eu de contradicteur et Hirtius Pansa, son continuateur, quoique plus impartial que lui, n'est encore qu'un thuriféraire de son illustre général en chef. Nous allons cependant, en nous occupant seulement de ses campagnes contre les Bellovaques, démontrer que le divin César a menti comme un dentiste et que, en réalité, les véritables héros de la guerre des Gaules ont été nos ancêtres. Ils n'avaient pas la discipline, les armes et les engins des troupes romaines et surtout ils ont lutté, quoi qu'on en ait dit, contre des forces bien supérieures aux leurs. César, dans l'intérêt de sa politique, a exagéré impudemment le nombre de ses adversaires ; puis l'on sait que, de tout temps, les italiens ont été de grands ventards.

Dans le livre II de la guerre des Gaules, César s'exprime ainsi : « Les Bellovaques, « supérieurs à tous les autres Belges, de- « vaient cet avantage à leur nombre et à « leur valeur ; ils pouvaient armer *cent* « *mille hommes* ; dans la conjoncture pré- « sente, ils en offraient *soixante mille* et « demandaient le commandement général « de l'armée. »

Voyons quel était, en réalité, le nombre des guerriers que pouvaient armer nos ancêtres, en admettant même que tous les adultes de la nation bellovaque, sauf les vieillards, les femmes et les enfants, prissent les armes.

Le pays des *Bellovaci* ou Bellovaques, 57 ans avant J.-C., était limité au Nord par celui des *Ambiani* (Amiénois), à l'Ouest par les *Caletes* (pays de Caux), au Sud-Ouest par les *Vellocassi* (Vexin), au Sud par les *Parisii* (Parisiens), et les

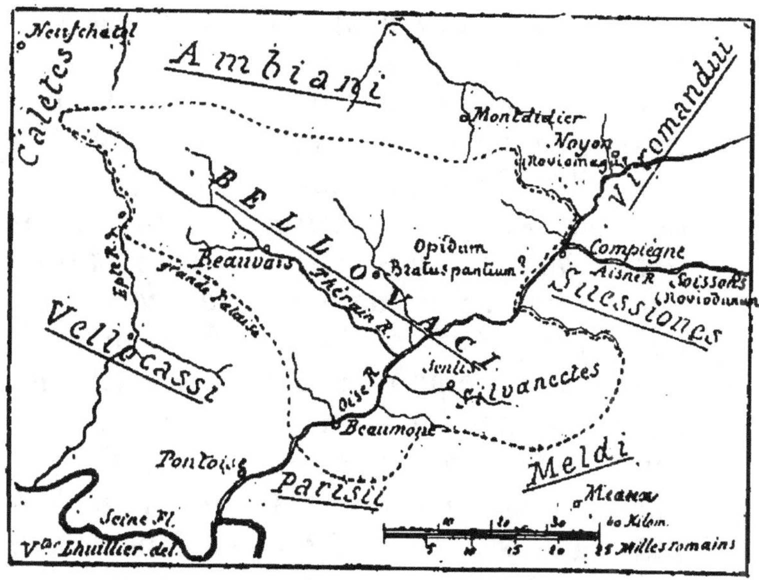

Carte du pays des Bellovaques.

Meldi (Brie) et enfin, à l'Est par les *Suessiones* (Soissonnais) et les *Viromandui* (Vermandois et Noyonnais). Il est très probable que les *Sylvanectes* (Senlis et Valois), dont César ne parle pas, étaient une tribu dépendant des Bellovaques. Le territoire du pays de nos pères correspondait donc à peu près à celui des diocèses de Beauvais et de Senlis avant 1789. Sa superficie, un peu inférieure à celle du département de l'Oise actuel, quoique s'étendant un peu au-delà vers l'Epte, Beaumont et l'Isle-Adam, présentait environ 4,400 kilomètres carrés. Cette contrée était couverte de bois immenses et nos pères y vivaient sans doute à peu près comme les peaux rouges du nord de l'Amérique, il y a 200 ans.

Ils en avaient d'ailleurs, d'une manière frappante, les mœurs et l'organisation. Les noms des chefs gaulois : Boio-rix, le *chef terrible*, Luern, le *renard*, Virdumar, le *grand homme noir*, Orgetorix, le *chef de cent vallées*, Vercingétorix, le *grand chef des cent têtes* ont beaucoup d'analogie avec les surnoms pompeux des chefs des peaux rouges, et la hache celtique ressemble étrangement au tomahawk des indigènes de l'Amérique du Nord. Les peuples gaulois avaient également beaucoup de rapports avec les clans écossais des highlands au xvie siècle.

Quelle population pouvait vivre dans le pays des Bellovaques ? M. Levasseur, de l'Institut (Population française... 1889, page 288), évalue à 6,700,000 habitants la population de la portion des Gaules faisant partie du territoire français actuel. C'est peut-être excessif, mais admettons ce chiffre néanmoins ; il en résulterait que, un peu avant l'ère chrétienne, il y avait dans les Gaules en moyenne 12 habitants par kilomètre carré. Mais il ne faut pas oublier que dans la Province Romaine, et la Narbonnaise, existaient de grandes villes et que la population des campagnes y était plus dense que dans la Celtique et la Belgique. On peut donc admettre que cette dernière province n'avait pas en moyenne plus de 9 à 10 habitants par kilomètre carré, ce qui ferait, pour les 4,400 kilomètres carrés du pays des Bellovaques, une population totale de 44,000 habitants au maximum, soit 21,000 de population mâle. Les adultes de 18 à 60 ans, en état de porter les armes, ne pouvaient pas dépasser *11 à 12,000 hommes* au plus, en y comptant même les malades et les infirmes. Nous sommes bien loin des *100,000 hommes* de ce gascon de César.

De sorte que, dans la première campagne (Commentaires, livre II), où il est dit que les Bellovaques n'avaient fourni que les trois cinquièmes de leurs troupes, l'armée bellovaque ne comprenait au plus que 7 à 8,000 guerriers et non pas 60,000. Et voilà comme on écrit l'histoire quand on a intérêt à altérer la vérité pour faire croire au peuple romain qu'avec quatre légions on a battu des armées innombrables.

Or, sait-on le nombre des soldats

d'une légion romaine ? Une légion comprenait en infanterie dix cohortes de 420 hommes (velites, hastaires, princes, triaires et frondeurs), plus 300 cavaliers et enfin des fantassins alliés, aussi nombreux que les romains et une cavalerie alliée deux fois plus considérable que la cavalerie latine. Une légion avait donc 4,500 soldats romains et au moins autant de troupes alliées, soit en tout 9 à 10,000 hommes et pour quatre légions près de 40,000 hommes. Les divisions qui régnaient entre les Gaulois (et l'habile César savait les faire naître au besoin) permirent rarement à nos ancêtres de lui opposer des armées considérables.

C'était souvent une guerre d'escarmouches, d'embuscades, qu'ils faisaient aux romains.

La dernière guerre de César contre les Bellovaques ne fut en réalité qu'une série d'embuscades où les Gaulois eurent parfois le dessus (Livre VIII des commentaires attribué à Hirtius Pansa).

César était à Genabum (Orléans), avec deux légions (la 6e et la 14e), quand il apprit que les Bellovaques menaçaient d'attaquer les *Suessiones* ses alliés. Il laissa ses deux légions sous les ordres de Trebonius; il prit la 11e légion, ordonna à Caïus Fabius d'en conduire deux autres dans le Soissonnais et à Labienus d'envoyer à la même destination l'une de celles qu'il commandait. Avec ces forces, 4 légions (40,000 hommes), il marcha contre les Bellovaques. Ceux-ci étaient réunis aux Ambianes, aux Caletes, aux Vellocasses et aux Atrebates. L'armée Gauloise était commandée par le Bellovaque Corée (Corréus) et l'atrebate Coumm (Commius). En ramenant à leur chiffre probable les troupes confédérées, on trouve qu'en réalité elles n'atteignaient pas 20,000 hommes et devaient être composées à peu près ainsi, en réduisant dans la même proportion que celles des Bellovaques les troupes de leurs alliés.

Bellovaques	8.000	
Caletes	2.000	
Ambianes	3.000	18.000 h.
Vellocasses.....	2.000	
Atrebates	3.000	

Et César avait 40,000 hommes bien disciplinés et bien armés composés des 7e, 8e, 9e et 11e légions (voir Hirtius Pansa), plus les guerriers des Remois, Lingones etc., etc., sans doute aussi les Suessiones que les confédérés voulaient attaquer. Malgré l'infériorité incontestable de leurs forces les Bellovaques tinrent pendant plus d'un mois César en échec, je dis un mois, parce que Pansa dit que Commius l'Atrébate, eut le temps d'aller chez les Germains et d'en revenir avec cinq cents cavaliers. Les Remois furent battus par les Bellovaques et perdirent même dans l'engagement leur chef Vertisco. Entre les deux camps il y eut des escarmouches incessantes, surtout dans le marais qui les séparait. Mais les Gaulois apprirent que Trebonius arrivait de Genabum avec deux nouvelles légions, ils auraient eu 60,000 adversaires devant leur petite armée de 20,000 hommes ; ils craignirent d'être assiégés comme à Alise. Ils résolurent de quitter leur camp et ils le firent au moyen d'un ingénieux stratagème dont il faut lire les détails dans Hirtius Pansa.

C'est alors que Corréus voulut tendre un piège à César en préparant une embuscade dans une plaine qui avait 1,000 pas d'étendue et était protégée par une rivière profonde et des bois épais.

Corréus attaqua les Romains dans cette plaine avec une intrépidité extraordinaire, mais César, approchant avec ses légions, cerna les Bellovaques de toutes parts. « Corréus, dit Hirtius Pansa, de- « meura inébranlable dans un si grand « péril, il s'obstina à rester sur le champ « de bataille. En vain les Romains le pres- « sent de se rendre, sourd à leurs sollici- « tations, il combat en héros, frappe et « blesse ceux qui l'entourent. Enfin sa « longue résistance oblige les vainqueurs « irrités à le percer de traits. »

Avec lui se firent tuer la plus grande partie des guerriers bellovaques entourés par 40,000 Romains. Ce qui restait des Bellovaques et de leurs alliés, apprenant la mort de Corréus, demandèrent la paix à César. Commius seul se refusa à y souscrire; il s'enfuit chez les Germains. Ce Commius était un véritable héros comme Corréus; ce fut lui qui commanda l'infanterie envoyée par les Gaulois au secours d'Alise. Après la mort de Corréus, il préféra s'expatrier que de rester dans les Gaules, car il avait fait le serment de ne jamais voir le visage de ceux qui avaient asservi sa patrie.

Il résulte de tout ceci :

1° Que les Romains, dans les combats qu'ils livrèrent à nos ancêtres, et particulièrement aux Bellovaques, leur furent presque toujours supérieurs en nombre comme ils l'étaient par leurs armes et leur organisation militaire ;

2° Que César dans ses commentaires, où l'on trouve cette promptitude de jugement, cette pénétration, cette netteté d'esprit, ce calme et cette profonde connaissance du cœur humain, en même temps qu'une simplicité inimitable quand il parle de lui, prouve qu'il était non seulement un grand général, mais un profond politique et un homme d'une habileté merveilleuse. Mais cette habileté même confirme l'idée qu'il n'avait aucun scrupule pour mentir quand son intérêt l'exigeait. En décuplant volontairement le nombre de ses adversaires, comme nous croyons l'avoir démontré, César fait voir, pour employer une expression vulgaire, que tout en étant chauve il ne manquait pas de toupet.

En définitive, la ville de Beauvais a bien fait de donner à l'une de ses rues le nom de Corréus qui mourut en défendant son pays contre le conquérant romain. Avec le goût des statues qui règne de nos jours, on aurait pu en ériger une à Corréus comme celle que les Allemands ont élevée à la mémoire d'Arminius, le vainqueur de Varus et le libérateur de la Germanie.

La ville d'Arras de son côté pourrait en faire autant pour l'atrébate Commius qui fut un héros de l'indépendance nationale comme notre Corréus.

LA NOBLESSE

DU BAILLIAGE DE BEAUVAIS

EN 1789

———

Le 9 mars 1789 se tint à Beauvais l'assemblée des trois ordres du baillage pour l'élection des députés aux États généraux. Les électeurs de la noblesse se réunirent à l'hôtel de ville ; nous en allons donner la liste par ordre alphabétique, nous verrons ainsi quels étaient, à cette époque, les nobles ou réputés tels de nos pays. L'on sait que pour être électeur de la noblesse il fallait posséder fief ; même les femmes et les mineurs qui détenaient un fief noble pouvaient exercer le droit électoral par procuration. Les nobles ne possédant pas de fiefs, mais ayant la noblesse acquise et transmissible, étaient électeurs quoique ne recevant pas de lettre de convocation.

Voici la liste de ces électeurs de la noblesse, les noms suivis de *pr.* sont ceux des électeurs, qui ne se présentant pas à l'assemblée, se firent représenter en donnant procuration à un autre électeur :

Alexandre de la Motte, écuyer, *pr.,* le fief de la Motte (Hannaches).

Allou d'Hémécourt.

Augustin Andrieu, chevalier, pour sa femme Marie Motte, seigneur de la Motte, *pr.*

Nicolas d'Aubourg, chevalier, pour le fief de Mouy à Wambez, *pr.*

Françoise d'Auxy, duchesse de Fleury, pour sa seigneurie d'Hanvoile, *pr.*

Jean de Banne d'Avejan, maréchal des camps, seigneur d'Agnicourt (Méru).

François de Paules de Barentin, chevalier, seigneur d'Hardivillers.

François-Félix Berton des Balbes, comte de Crillon, grand bailli d'épée du baillage. (Il fut élu député de la noblesse par 71 voix sur 97.)

Blanchard de Changy.

Le chevalier de Blois de Liours.

Charles-Jean de Bois-Thierry, seigneur de Buicourt.

Eustache-Louis Borel, seigneur de Pisseleu, *pr.*

Durand Borel de Bretizel, chevalier, seigneur du fief du Buisson (Auneuil).

Joseph-Plaisant comte de Bouhiat, seigneur de Corbeil-Cerf, *pr*.

Philibert-Catherine Bourée, marquis de Corberon, seigneur de Troissereux.

Charles de Brestel, chevalier, seigneur de Cuigy.

Dame Louis Lefebvre de Roncières, pour la seigneurie de Lhéraule, *pr*.

Dame Geneviève Rossignol, épouse de Louis Brochet de Vérigny, pour le fief de Coincourt (Mouy).

Jacques Bernard de Broé, seigneur de Saint-Rimault, *pr*.

Bucquet, seigneur de Bracheux.

Caqueray Delorme, pour le fief des châteaux (Hannaches).

De Canongète de Cannecaude, seigneur de Bongenoult (Allonne).

Antoine-Alexandre comte de Canouville, seigneur de Frocourt.

Le marquis de Carvoisin, seigneur d'Achy.

De Catheu, seigneur de Grumesnil (Auneuil).

Jacques de Mauléon, marquis de Causani, *pr*.

Caze de Méry.

Denis Choart, seigneur de Saint-Sulpice.

Chrétien de Lihus, pour le fief de Poly (Lihus-le-Grand).

De Clermont-Tonnerre, seigneur de Longavesne (Ernemont).

Philibert-Antoine de Combault, comte d'Auteuil.

De Couquault d'Avelon, seigneur d'Avevelon (Blacourt).

D^lle d'Anglos d'Héronval, pour le fief du Ply (Thérines), *pr*.

L'abbé Jacques Danse, pour le fief de Boulaine (Méru).

Jacques-François-de-Sales Danse.

Danse, seigneur de Froissy.

Jean-Charles Danse, écuyer.

Claude-Lucien Danse, écuyer, pour le fief de Saint-Martin (Puy-la-Vallée).

Dauvergne de Saint-Quentin.

Charles des Courtils de Merlemont, chevalier, pour le fief de Merlemont.

Louis-René des Courtils de Balleu, chevalier, seigneur de Grémévillers.

Jean Divéry du Mesnil, chevalier, pour le fief de Berthiancourt (Hodenc-en-Bray).

Dame veuve Le Cat de Molagny, pour le fief de Gouville (Saint-Léger), *pr*.

Charles Scipion du Neveu, écuyer, seigneur de Wambez, *pr*.

Duranti de Lironcourt, seigneur de Vieuvillers.

D'Espinay, comte de Saint-Luc, seigneur d'Equennoy (Escames).

Evrard, seigneur du fief de Rome (Saint-Paul).

Evrard de Vadancourt.

Pierre de Frémont, châtelain d'Auncuil, *pr*.

Adrien de Fremond, marquis de Charleval, *pr*.

Fouquier, seigneur de La Houssoye.

Gaillard, seigneur de Saint-Germain.

Louis-René de Gaudechart, chevalier seigneur de l'Epine.

René-François de Gaudechart, chevalier, pour le fief de Caigneux.

De Gaudechart, pour le fief de Fresnoy (Villers-Saint-Sépulcre).

François-Henri d'Hardivilliers, chevalier, seigneur de Monceaux, *pr*.

André-Nicolas chevalier d'Hardivilliers de Monceaux.

D'Inval.

Arnail, comte de Jaucourt.

Louis-François Ladvocat, pour le fief de Granville à Hermes.

Baron Larchier de Courcelles, seigneur d'Auchy-en-Bray.

Alexandre de La Rochefoucauld, duc de Liancourt, marquis de Crèvecœur, *pr*.

Georges comte de La Vaquerie, seigneur de Beaupré-Bourdon.

André-Guillaume Le Bastier, seigneur de Rainvillers.

Louis-Lucien Le Caron, écuyer, seigneur de Troussures (lieutenant particulier du bailliage).

6*

Toussaint Le Caron, chevalier, seigneur de Voisinlieu.

Dame veuve François de Lespinay, dame de Nivillers.

Leclerc, seigneur de Blicourt.

Charles-Marie Leclerc, comte de Juigné.

Le Coulteux, seigneur de Puy-la-Vallée.

Le Coulteux, de Provinlieu.

L'abbé Lefebvre, pour le fief du Fayel (Cauvigny).

Lefèvre d'Amécourt, pour le fief de Moulet (Saint-Pierre-ès-Champs).

Léon-François Legendre, comte d'Ons-en-Bray, *pr*.

Lemaire, pour le fief d'Arion (Campremy).

De Lenglès.

Dame de L'Espinay, veuve de Louis-René des Courtils, pour le fief de La Chapelle-sous-Gerberoy.

Charles Le Porcq d'Andeville, chevalier, seigneur d'Andeville, *pr*.

François Le Prestre de Jaucourt, chevalier, seigneur de Sénéfontaine.

Louis-Stanislas, Monsieur, comte de Provence, frère du roi, seigneur de Méru, représenté par Alexis de Louvigny, chevalier, commandant les chasses de Monsieur.

Louis de Macquarel, chevalier, seigneur de Heilles, *pr*.

De Malinguehen de Douy, pour le fief de Douy.

De Malinguehen, conseiller au présidial, seigneur de Senantes.

Comte de Maupeou, seigneur de Parisifontaine.

Charles de May, seigneur du Déluge (en partie).

Michel de Mazières.

Toussaint Michel.

Jean-Baptiste Michel, écuyer.

Michel de Goussainville.

Michel de Boissy.

Nicolas-François Michel.

Michel de Lalandrelle.

Marquis de Mornay, seigneur, en partie, du Déluge.

De Nully d'Hécourt, seigneur de Villers-sur-Thère.

Philippe de Noailles, duc de Mouchy, maréchal de France, prince de Poix, marquis d'Arpajon, etc., seigneur de Mouchy, *pr*.

D'Orillac de Saint-Pierre, seigneur de Saint-Pierre-ès-Champs), *pr*.

D^{lle} Marie-Antoinette de Paris, seigneur de Campremy, *pr*.

De Persan, pour le fief de Richemont (La Chapelle-Saint-Pierre).

Louis-Marie Personne, seigneur de Songeons.

Comte de Pimodan, seigneur de Mortefontaine.

François comte de Réals, seigneur de Fontaine-Lavaganne.

De Regnonval, *pr*.

De Regnonval de Martel.

De Regnonval de Courcelles, pour le fief Martel, à Warluis.

De Regnonval de Fabry, pour le fief Prévotel, à Warluis.

De Regnonval de Rochy, pour le fief de Frémicourt, à Ponchon.

Charles comte de Sarcus, vicomte d'Hannaches.

L'abbé de Séré, pour le fief de Tilloy.

François de Siry, marquis de Siry et de Savignies, *pr*.

D^lle Maximilienne de Béthune-Sully, dame de Francastel, *pr*.

Marquis de Saquespée-Thésy, seigneur de Noirémont, *pr*.

Titon, seigneur de Villotran.

De Tristan, pour le fief franche Mairie, à Therdonne.

D^lle de Vandeuil, pour le fief Saint-Clair, à la Chapelle-Saint-Pierre, *pr*.

Comtesse de Vauchelles, pour le fief Villepoix, à Saint-Omer, *pr*.

Dame Thérèze Vualon, veuve Michel, dame du fief Milon, à Saint-Germer, seigneur de Morvillers, *pr*.

Ysabeau de Villeneuve.

UN
POÈTE GROTESQUE BEAUVAISIN

AU COMMENCEMENT DU XVIIe SIÈCLE

Il y a une cinquantaine d'années que Théophile Gautier fit paraître les *Grotesques*, cette délicieuse étude littéraire sur les poètes des règnes d'Henri IV et Louis XIII. L'étincelant écrivain les a passés en revue et, avec le plus charmant esprit du monde, il a montré que Théophile Viaud, Scudéry, Cyrano de Bergerac, Scarron et tant d'autres, ne méritent pas les noms de grotesques dont on les a affublés et qu'il y a quelques beautés au milieu des bizarreries de leurs œuvres.

Il est un de ces poètes, cependant, auquel Gautier a laissé le nom de grotesque, c'est l'auteur du poème baroque *La Madeleine au désert de Sainte-Baume*, par le Père Pierre de Saint-Louis, religieux carme provencal, né en 1626. A l'âge de 18 ans, avant d'entrer dans les ordres, il devint amoureux d'une jeune fille nommée Madeleine, qui mourut en lui faisant présent d'un scapulaire au moment où il devait l'épouser ; il se fit carme de désespoir, devint professeur de belles lettres au collège de Saint-Marcellin et, hanté constamment par le souvenir de son unique amour, il fit son poème héroïque en 12 livres et six mille vers.

C'est un chef-d'œuvre de pieuse extravagance. Rien de plus bizarre et plaisant que l'amour mystique du poète : les yeux de la sainte, patronne de son ancienne fiancée, sont des *chandelles fondues*, ses cheveux blonds dont elle essuye les pieds du Christ, sont un *torchon doré*. Les rossignols et les pinsons deviennent des *luths animés*, des *orgues vivantes*. Ce livre fut imprimé à Lyon, vers 1668. Théophile Gautier en donne des extraits vraiment abracadabrans et il affirme que le Père de Saint-Louis est certainement le prince des poètes grotesques.

Eh ! bien, le spirituel écrivain s'est trompé, la palme de la poésie grotesque

appartient à un beauvaisin, le Père capu-
pucin Remy de Beauvais qui, comme le
Père de Saint-Louis publia à Tournay, en
un volume de 746 pages, mais cinquante
ans avant lui, le poème de *la Magdeleine*.
Il paraît que la patronne des demoiselles
égarées a le privilège de donner l'inspiration poétique aux capucins comme aux
carmes.

L'on sait que les Capucins vinrent s'établir à Beauvais en 1604, sous la conduite
du P. Ange de Joyeuse qui, de maréchal
de France s'était fait moine ; ils firent bâtir
un couvent là où se trouve aujourd'hui le
cimetière général, dans le faubourg Gaillon et leur église fut consacrée en 1607,
par le cardinal de Sourdis, sous le titre de
Sainte-Angadresme, patronne de la ville.
C'est peu de temps après que le Père
Remy entra au couvent de Beauvais ; où
était-il né ? d'où venait-il ? on l'ignore,
mais sa résidence dans le couvent du faubourg Gaillon, lui a laissé le nom du Père
Remy de Beauvais.

Avant de prendre le froc, le capucin,
comme le carme de Saint-Louis, était
amoureux d'une certaine Marie de Lon-
gueval, qui le rebuta, ce qui n'empêcha
pas le bon père de lui dédier son poème,
qui dépasse de cent coudées tous les
poèmes épiques du monde, puisqu'il a
vingt chants et contient vingt-cinq mille

vers. Il est précédé, comme c'était la mode
alors, de versets, de quatrains, de sonnets en français et en latin. Il y a même
un dialogue rimé entre le poète et l'*Epopée*, où il lui signifie nettement qu'elle devra désormais *marcher seulette*, car il
est fatigué de la porter. Parbleu ! vingt-cinq mille vers c'est en effet bien lourd.

L'auteur chante la conversion de Madeleine, ses voyages, sa pénitence et finalement le début de son apostolat à Marseille ;
non seulement le Père Remy était poète,
mais il était savant, comme on l'était au
XVIᵉ siècle. Il connaît admirablement la
théologie, plus l'histoire grecque et romaine, la mythologie païenne, l'horticulture, la géographie, la botanique et ses
connaissances encyclopédiques, il les répand à profusion dans son poème. Tout
cela forme un salmigondis véritablement
exquis. Son héroïne fait des discours à
perte de vue, des concettis ; les anachronismes ne la gênent guère, mais elle parle
comme à l'hôtel de Rambouillet et pourrait lutter avec les précieuses ridicules.

Elle manie l'apostrophe et le syllogisme
comme un docteur en Sorbonne, aussi,
pour célébrer son éloquence, le P. Remy
s'exprime ainsi :

La voyant discourir vous diriez qu'on dé-
                          [bonde
L'escluse d'un étang, quand on le va pescher

. . . .

Elle vous a des mots si propres, si précis
Et sans rien attester si franchement assis,
Si très prêts, qu'on croirait qu'elle lit dans
[un livre
Et des comparaisons? Elle vous en délivre
Par cent : non c'est trop dit, etc.

L'on voit que le père Remy use et abuse des enjambements. Madeleine, est une grande bavarde, mais elle dit des choses charmantes.

Ses paroles ne sont que fin sucre coulant.

Elle chante de plus d'une manière ravissante

— Ne serait estimé qu'un pinson
Qui chante dans les bois une agreste chanson
S'il était comparé à cette Philomèle

Le bon capucin est un peintre inimitable, car pour célébrer le réveil de la nature dans une belle matinée de printemps voici ce qu'il dit :

Tout rioyt, eut-on dit, et les choses sans vie
Les pierres, les cailloux, semblaient avoir
[envie
De se prendre la main, l'un de l'autre, et
[danser.

Sa Madeleine a toutes les qualités, même les plus vulgaires et ses amies aussi ; sainte Marthe, particulièrement, mouche les chandelles dans la perfection

et avec toutes sortes de manières déli-
cates.

Et Ore Marthe hausse un des bras, esmou-
[chant
La chandelle au milieu de la table allumée
Et, d'un petit revers dissipant la fumée
Qui sort de l'esmouchette ou cherche d'en
[sortir
Fait une révérence humble et grande au par-
[tir.

Ce qu'il y a de véritablement curieux,
c'est le voyage de Madeleine de la Palestine à Marseille. Plusieurs chants lui sont
consacrés ; c'est un cours complet de géographie méditerranéenne et d'histoire, car
sans le moindre égard pour la chronologie
on y fait l'historique complet des dix
grandes persécutions, des croisades, des
chevaliers de Malte, du siège de Rhodes
et des vêpres siciliennes. Il est vrai que le
bon père dit en marge : Ce sont ici fantai-
sies de l'auteur pour pouvoir discourir.
Tout le monde discourt et bavarde dans
son poème, non seulement Madeleine et
ses loquaces amies, mais les rochers, les
flots, les vents ; il y a même une grande
discussion en plus de quarante vers entre
le vaisseau sur lequel est embarqué la
Sainte et les golfes de la Tripolitaine qu'on
nommait alors la grande Syrte. C'est merveilleux d'extravagance. Mais je m'arrête
dans ces burlesques citations ; pour bien

juger des choses et du style baroques du Père Remy il convient de lire le poème tout entier. C'est fort curieux, mais il faut un certain courage car c'est bien long. Les jeunes poètes de l'*Oasis* devraient se payer cette fantaisie, mais hélas ! le livre du bon capucin beauvaisin n'est pas dans la bibliothèque municipale et il faut aller à Paris, à la bibliothèque nationale, pour se procurer ce régal excentrique.

LE PILORI A BEAUVAIS

———

Au moyen âge le pilori était un poteau ou pilier où l'on attachait ordinairement les criminels en signe d'infamie. Les seigneurs hauts-justiciers faisaient placer leurs armes au-dessus du pilier de leur justice et au milieu étaient des chaînes ou carcans qui servaient à attacher les condamnés. Ordinairement le pilori était établi dans un lieu fréquenté, d'où le patient pouvait être vu de la multitude. A Paris il y en avait plusieurs ; le principal était aux Halles ; c'était une tour octogone, avec un rez-de-chaussée et un seul étage. Au milieu de la tour existait une roue ou cercle en fer, percé de trous où l'on faisait placer la tête et les bras du banqueroutier frauduleux, des concussionnaires et des autres criminels.

Il y avait à Paris un autre pilori, celui de la Grève, dont Victor Hugo, dans le chapitre IV de Notre-Dame de Paris, donne une description saisissante. C'est là qu'il fait voir Quasimodo, bouclé dans de dures courroies, exposé aux insultes du populaire et se montrant dans la roue qui tourne, tandis que le tourmenteur le frappe de son fouet.

A Beauvais, le pilori se trouvait sur la place de l'Hôtel-de-Ville ; il était un peu plus au sud que ne l'est aujourd'hui la statue de Jeanne-Hachette et précisément sur une ligne qui va de la rue des Epingliers à celle des Annettes, laquelle formait la limite séparative des deux paroisses Saint-Etienne et Saint-Sauveur. Ce pilori, qui ressemblait quelque peu à celui des halles de Paris, fut établi vers 1454 ; jusqu'à cette époque ce n'était qu'un simple poteau. Louis de Villers. haut justicier comme évêque comte de Beauvais, le fit reconstruire en 1514 et l'évêque Beauvillers de Saint-Aignan le fit restaurer vers 1712. On le voit d'ailleurs figurer sur le plan de Beauvais dressé en 1574 par Rancurelle.

Il consistait en une tour octogone de soixante pieds de haut ayant un rez-de-chaussée, deux étages dont le premier était percé de 8 ouvertures, et au-dessus du 2ᵉ était une flèche que dominait une girouette armoriée. Le rez-de-chaussée se trouvait divisé en plusieurs loges louées à des marchands ; dans l'une d'elles était

Le Pilori en 1780.

installé le bureau de receveur des droits de minage sur les céréales perçus au profit de l'évêque. Sur le haut du premier étage on voyait, à la fin du XVIIIᵉ siècle les armes des évêques de Forbin-Janson et Saint-Aignan ainsi que celles du Comté-Pairie.

C'est dans l'étage supérieur que se faisaient les expositions de criminels et que se trouvait la roue où ils étaient attachés.

Les criminels condamnés à mort étaient généralement pendus au gibet seigneurial près Marissel, mais ils devaient, au préalable, être exposés au Pilori, c'est ce qui résulte d'un jugement de 1394 où il est dit « qu'un jugé à mort par la justice de « l'évêque, avant d'être exécuté hors de « la ville, doit être amené au Pilory, afin « que le peuple en eut connaissance, ce « que le bailly de l'évêque devait faire. »

Voici comment on appliquait la peine aux blasphémateurs, ainsi que le montre une sentente rendue au Parlement, le 6 septembre 1606.

« Desfence est faite soubs de sévères « peines de blasphémer, iurer, détester la « divine majesté, et de proférer aucunes « paroles contre l'honneur de la très Sacré « Vierge, sa mère et ses saints. A ces « causes, voulons que tous ceux qui se « trouveront convaincus d'avoir juré et « blasphémé soient condamnés pour la « première fois en une amende pécuniaire

« selon leurs biens, dont les 2/3 de
« l'amende appliqués aux hôpitaux et l'au-
« tre tiers au dénonciateur et si ceux qui
« ont été punis retombent à faire les dits
« serments, seront pour seconde, tierce et
« quatrième fois, condamnés en amende
« double, triple et quadruple, et pour la
« cinquième fois seront mis au carquant
« au jour de feste, les dimanches ou aul-
« tres et y demeureront depuis huit heu-
« res du matin jusqu'à une heure d'après-
« midy, et subjets à tous injures et appro-
« bes, etc. »

En 1758, la ville revendiqua la statue de
Louis XIV qui se trouvait abandonnée dans
le Parc de Boufflers par suite de la vente
dudit domaine et on désirait la placer précisément où était le pilori. M. de Gèvres
consentit au déplacement pourvu qu'on
indiquât un autre point où le pilori aurait pu être rétabli. Après l'acquisition de
la terre de Boufflers par M. de Crillon en
1783, ce seigneur demanda lui-même que
la statue fut transportée à Beauvais. On
chercha de nouveau à s'entendre avec l'é-
vêque, alors Mgr de la Rochefoucault, et
après bien des difficultés, il fallut recourir
au Parlement qui, le 10 février 1787, rendit
un arrêt mettant fin à cette longue querelle
entre l'Evêque-Comte, seigneur haut Justicier et la ville.

1° On devait, en remplacement du pilori

qui disparaissait à tout jamais, élever du côté de la rue de la Taillerie un obélisque portant les armes du comté Pairie, celles de Mgr de La Rochefoucault et une inscription rappelant que cet obélisque était le signe représentatif de l'ancien pilori démoli du consentement de l'évêque.

2° Le bureau du receveur du minage devait être établi dans une maison située au coin de la rue des Annettes (maison Moncomble).

Au commencement de 1788, le pilori disparaissait et avec lui le souvenir des sévérités excessives de la justice criminelle au moyen âge.

La statue de Louis XIV mise à sa place devait être détruite quelques années plus tard. Aujourd'hui sur ce même emplacement se trouve celle de l'héroïne beauvaisine.

LES BOUFFLERS

Nous avons sous les yeux une étude historique sur le maréchal de Boufflers et sa famille écrite en 1892 par M. Edmond Lecomte. Cet ouvrage ne se trouve pas dans le commerce ayant été tiré à petit nombre, mais il a été offert par son auteur à la Société académique de l'Oise où nous nous le sommes procuré en le lisant avec un vif intérêt. Nous avons déjà consacré une notice au héros de Lille et de Malplaquet, mais la famille de Boufflers tient au Beauvaisis par tant de côtés que nous ne croyons pas inutile de parler aujourd'hui des ancêtres du maréchal et de ses descendants, en puisant dans l'excellente monographie de M. Lecomte.

La famille de Boufflers est originaire de la Picardie ; elle portait primitivement le nom de Champigneulles et ce n'est qu'au XIIIᵉ siècle qu'elle prit celui de Boufflers. Enguerrand II de Champigneulles suivit Godefroy de Bouillon à la première croisade et planta neuf fois la croix sur les murs des villes attaquées, de là les neuf

**Armoiries
de Boufflers.**

croix des armes du blason des Boufflers, et ces croix furent de gueules (rouge) comme ayant été teintes du sang du brave Enguerrand. Henri de Boufflers prit part en 1248 à la septième croisade, Alexandre Iᵉʳ de Boufflers fut l'un des hommes d'armes qui se distinguèrent en 1304, à la bataille de Mons-en-Puelle où les Flamands furent battus par Philippe le Bel.

Alcaume II fut prisonnier des anglais à la funeste bataille d'Azincourt en 1415.

Pierre II épousa en 1435 la sœur de Robert de Picquigny, qui lui apporta la seigneurie de Caigny (aujourd'hui Crillon). C'est alors que la famille de Boufflers s'établit dans le Beauvaisis. Ce Pierre II se réunit au seigneur de Mouy, gouverneur de Beauvais et à quelques chevaliers du voisinage ; il prit par escalade Gerberoy sur les Anglais en 1449. Son fils, Jacques de Boufflers après avoir guerroyé avec Charles le Téméraire, rentra au service de Louis XI et combattit vaillamment à la bataille de Guinegatte (1479).

Jean II seigneur de Caigny, vicomte de Ponches (près Abbeville) pair du Ponthieu, se distingua dans les guerres d'Italie.

Adrien Ier, son fils, se trouva à la bataille de Pavie (1525) et y fit des prodiges de valeur ; il mourut en 1585, à l'âge de 94 ans.

Son fils aîné, Louis de Boufflers, guidon des gendarmes du duc d'Enghien, était célèbre par sa force prodigieuse. Voici ce qu'en dit Loisel dans ses mémoires du Beauvaisis :

» Il étoit si fort et si robuste que l'on
« le pouvoit apparier à Milon de Crotone.
« Il rompoit avec ses mains un fer de
« cheval en deux, arrestoit un bidet, voire
« le faisait reculer le tirant par la queue
« et l'eslevoit en l'air ; ne se trouvoit
« qui lui pust ouvrir la main, et non pas
« mesme oster son doigt de la place en
« laquelle il l'avoit posé ; devançoit un
« cheval à la course, tuait d'une pierre les
« oyseaux en l'air, sautoit les petites ri-
« vières, botté et éperonné, montoit ordi-
« nairement à cheval sans estrier ; bref,
« se fut trouvé invincible si un mousquet
« ne l'eust atteint à la bresche de Pont-
« sur-Yonne, oü il mourut en 1553. »

Un autre fils d'Adrien Ier fut Jean de Boufflers, tige de la branche des Boufflers-Rouverel qui voyagea beaucoup et fut un poète distingué.

Adrien II, troisième fils d'Adrien Ier, fut poète, comme son frère ; il était l'ami du cardinal de Chatillon, de Ronsart et de la pléiade des poètes beauvaisins de cette époque et particulièrement de son voisin Simon de Bullandre, prieur de Milly. Il commanda la noblesse du Beauvaisis à la tête de laquelle il se distingua aux batailles de Saint-Denis et de Montcontour (1569).

C'est en 1582 que Adrien de Boufflers obtint du roi Henri III, la création du marché de Caigny (Crillon) ; en décembre 1582 il fut nommé par le même roi, grand Bailli d'épée du Baillage Présidial de Beauvais, charge qui est restée constamment dans sa maison jusqu'à la mort du dernier duc de Boufflers, en 1751, c'est-à-dire pendant 169 ans.

En 1588, il représenta la noblesse du Beauvaisis aux Etats de Blois, il mourut en 1622.

François Ier, son fils, lui succéda, le roi Louis XIII érigea en Comté la terre de Caigny (1640) ; il servit aux sièges de Casal et de Frenes et lorsqu'en 1626, les Beauvaisins furent menacés par les troupes impériales, il amena pour la défense

de la ville quatre compagnies de chevau-
légers.

François II eut deux fils :

L'aîné, François III, mourut en 1672, à
l'âge de 29 ans.

Son frère lui succéda dans le comté ; ce
fut Louis-François, l'illustre maréchal,
l'honnête homme, le patriote dont nous
avons précédemment donné une biogra-
graphie. En considération de ses services,
Louis XIV érigea le comté de Caigny en
duché, en septembre 1695. Il avait en
outre comme terre patrimoniale venant de
ses ancêtres, celles de Boufflers en Ponthieu et de Ponches.

A la suite de la glorieuse capitulation
de Lille, le maréchal reçut du roi la dignité de Pair de France et par lettres
royales du 19 mars 1709 la terre de Caigny fut érigée en duché-pairie sous le
titre de Boufflers.

Les armes du maréchal étaient celles de
ses ancêtres : *d'argent à trois molettes à
six raies de gueules 2 et 1, accompa-
gnées de neuf croix recroisettées de
même posées 3. 3. 3.* Supports : *deux
Léopards.* Cimier : une *Cigogne d'argent becquée de gueules.*

Le maréchal perdit son fils aîné au
commencement de 1711, et il ne lui sur-
vécut que de peu, car le glorieux vaincu

de Malplaquet mourut le 22 août 1711, à l'âge de 67 ans.

Par suite des grandes dépenses faites par le maréchal lors du siège de Lille, sa fortune était fort diminuée, le roi accorda à sa veuve une pension de 12,000 livres.

Plus tard elle fut nommée dame d'honneur de la reine de France, Marie Leczinska, femme de Louis XV.

Le maréchal de Boufflers eut huit enfants, 3 fils et 5 filles. Ses deux aînés le précédèrent dans la tombe et le troisième, Joseph-Marie, né en 1706, lui succéda comme duc de Boufflers, pair de France et grand bailli d'épée de Beauvais.

Il devint lieutenant général et gouverneur des Flandres, il fit les campagnes de Bohême en 1741, se distingua à la bataille de Dettingen en 1743 et contribua à la prise de Menin et d'Ypres. Il prit une part glorieuse à la victoire de Raucoux 1746, et, en 1747, il délivra la ville de Gênes assiégée par les impériaux et les piémontais, mais il mourut de la petite vérole le 2 juillet de la même année ; il était le digne fils de son père et n'avait que 41 ans ; le bâton de maréchal lui eut été donné sans doute après l'affaire de Gênes. Sa veuve, née de Neufville Villeroy est célèbre par sa beauté et son esprit ; elle se remaria avec le duc de Montmorency-Luxembourg, et il est beaucoup question d'elle

et de son mari dans les confessions de
J.-J. Rousseau. On croirait presque que
le philosophe fut quelque peu amoureux
de la charmante duchesse.

Son fils, Charles-Joseph fut le troisième
et dernier duc de Boufflers, il était en même
temps gouverneur des Flandres et grand
bailli de Beauvais. Il mourut de la petite
vérole comme son père en septembre 1751.

Le dernier des Boufflers laissait une succession fort embarrassée ; ses créanciers
firent vendre ses terres et le domaine fut
acheté en 1757 par le marquis de Saisse-
val puis revendu en 1783 au comte de
Crillon qui fut le dernier grand bailli
d'épée de Beauvais et député de la noblesse du baillage en 1789. Le village de
Boufflers, qui avait pris le nom de Saisse-
val en 1757 prit celui de Crillon en 1783.
Une des filles du maréchal de Boufflers
avait épousé, en 1713, son cousin le marquis de Boufflers-Remicourt, dont le fils fut
chambellan de Stanislas-Leszczynski. La
femme de ce dernier fut la célèbre marquise de Boufflers, cette belle et spirituelle amie de Voltaire, qui lui adressa
ces vers bien connus :

Vos yeux sont beaux, votre âme encore plus belle
Et sans prétendre à rien, vous triomphez de tous ;
Si vous aviez vécu du temps de Gabrielle
    Je ne sais pas ce qu'on eut dit de vous,
      Mais on n'aurait pas parlé d'elle.

Le fils puiné de la marquise fut le fameux chevalier de Boufflers qui eut une carrière fort orageuse. Il fut successivement abbé, soldat, colonel, maréchal de camp, gouverneur du Sénégal, député aux Etats Généraux, membre de l'Académie française. Il émigra, rentra en France en 1800 et s'attacha à la fortune de Napoléon. C'était un charmant et spirituel écrivain, plein de grâce piquante et de négligence heureuse, dont les vers eurent des succès de circonstances, il fit quelques bonnes fables dont la plus jolie est celle des *Deux Pinsons*, puis des contes dont le meilleur est *Alice reine de Golconde*. Il mourut en 1815. La ville de Paris a donné son nom à une rue du 16e arrondissement, car, ce qu'il y a de singulier, le chevalier de Boufflers est plus connu que son aïeul, l'illustre maréchal, celui que Saint-Simon nommait le modèle de l'honnête homme, le grand patriote et le héros modeste et l'on sait que le célèbre auteur des mémoires n'était pas prodigue de compliments.

LES

FABRIQUES D'ÉTOFFES A BEAUVAIS

AVANT 1789

———

On sait que depuis une époque fort reculée il existait à Beauvais des fabriques d'étoffes de laine. Il y a tout lieu de penser qu'elles étaient beaucoup plus anciennes que celles d'Amiens et d'Elbeuf. Certains auteurs ont prétendu même que déjà, du temps de Charlemagne, elles avaient une grande importance. Ce qu'il y a de certain, c'est qu'au XIIe siècle elles étaient considérables, puisqu'un des articles de la charte communale de 1144 donnée à la ville par Louis VII, parle de l'étendage des draps et certainement, si l'industrie du lainage n'eût été importante, il n'en aurait pas été question dans un acte aussi grave pour la commune. L'article 16 de la charte oblige à planter des perches d'égale hauteur pour exposer les draps à l'air : *ad extensionem quoque Pannarum penditanæ equali altitudine infingantur*. Ces perches étaient ce qu'au moyen âge on nommait des *pandouers;* de là la rue des Pandoirs (actuellement rue de l'Isle-Adam.

Il y avait même des fabriques dans les faubourgs et notamment à Saint-Jacques qui, au XIII⁰ siècle, portait le nom de Saint-Jacques de Richebourg.

Dans la charte de Philippe-Auguste (1182), il est dit : *A l'extension adecertes des draps. les pandouers doivent être fichés en terre par égal hautaige : Et quiconque des pandouers, ou des pendants draps, ou des choses appendant aura faict fortachon, si de ce clameur vient au maire et aux pairs, justice sera faicte selon la délibération du maire et des pairs.*

Plusieurs actes du XII⁰ siècle concernent les moulins à foulons qui étaient nombreux et insuffisants cependant, puisqu'en 1173, l'abbé de Saint-Quentin avait pris l'engagement devant l'évêque d'établir dans l'espace de cinq années, trente nouveaux foulons.

Les marchandises qui, au moyen âge traversaient certaines rivières payaient aux seigneurs pour franchir les ponts un péage ou droit de travers, ce qui était onéreux, mais l'industrie des draps de Beauvais fut toujours protégée par nos rois qui donnèrent aux drapiers la faveur de transporter leurs étoffes dans les foires sans payer le droit de travers. Ceci fut constaté dans une enquête faite en 1186, 4 ans après la concession de la charte par Philippe-Auguste.

Du reste, les communautés des fabricants et marchands d'étoffes étaient puissantes et nombreuses, elles formaient aux XVIᵉ siècle sept corps de métiers : 1º Les drapiers, chaussetiers et marchands de draps teints ; 2º les drapiers-drapants et marchands de laines ; 3º les laineurs et arçonneurs ; 4º les tondeurs ; 5º les tisserands ; 6º les sergiers ; 7º les peigneurs. En 1789, lors de l'élection aux Etats Généraux, il n'y avait plus que quatre corps de métiers pour les lainages ; 1º les teinturiers de grand teint ; 2º les teinturiers de petit teint ; 3º les fabricants d'étoffes ; 4º Les tondeurs, friseurs et presseurs.

Les communautés étaient régies par des règlements sévères et surveillées par des visiteurs ou gardes pris parmi les gens du métier et qui veillaient à la bonne qualité des étoffes. Quand il fallait juger les contraventions, il y avait même fréquemment des difficultés entre la justice municipale et celle du Comté-Pairie qui se disputaient la connaissance de ces affaires.

Le Parlement même dut intervenir et par un arrêt de 1308, il reconnut la compétence exclusive des maires et pairs pour une partie, c'est-à-dire le droit *ponendi gurdas seu custodes in lana, filo, tinturaria, et aliis ad panos faciendes in tota villa Belvacensi*, mais attribua le jugement définitif à la justice seigneuriale.

Il paraît qu'à la même époque on se servait d'aunes en corde pour mesurer les étoffes, puisqu'un règlement de 1379, reconnaissant que les mesures de corde facilitaient la fraude, prescrivit l'emploi d'aunes en bois.

Par décision du Comté-Pairie du 18 octobre 1463, la longueur des draps devait être de 24 aunes un quart.

Aux XIVe et XVe siècles le commerce devint fort important et la ville de Beauvais avait des halles particulières dans diverses localités : à Compiègne, à Senlis et même à Paris où elle possédait une grande halle pour laquelle en 1366 Charles V réduisit à 12 livres parisis les droits de cens que payaient les habitants de Beauvais. Cette halle de Paris resta la propriété de de la ville jusqu'en 1474 où on la vendit au roi Louis XI. (1).

Quant à la halle aux laines de Beauvais, elle était rue de l'Ecu à côté de l'hôtel actuel qui existait déjà en 1545 sous le nom de l'*Escu* au *Soleil*, car la ville céda à cens au maître de cet hôtel une petite partie de la halle.

Par un édit du 19 mars 1571, portant règlement sur les *façons* et *tainctures* des draps il est dit : *Les draps de Beauvoisin faicts pour estres mis à la taincture, seront d'une aulne et demy quart de largeur, y compris les lisières et vingt-quatre aulnes de longueur. Les estamets et sarges auront entre deux lisières cinq quartiers de largeur et n'excèderont pas vingt-quatre aulnes de maison ou environ.*

. Avant l'invasion espagnole dans la Picardie et le Beauvaisis en 1636, on comptait dans notre ville et dans sa banlieue trois mille métiers à draps ; ils étaient réduits à 1800 en 1643. Une nouvelle impulsion devait être donnée par les mesures et les règlements du grand Colbert. Colbert est le seul ministre qui ait eu un système arrêté, complet et conséquent dans toutes ses parties et comme le dit Blan-

---

(1) Archives de la ville AA. 1, CC. 15, BB. 9.

qui, c'est l'honneur de son nom qu'il l'ait
fait triompher en dépit des obstacles de
tous genres amoncelés sous ses pas. Quoique ce système de réglementation excessive ne serait pas admissible de nos jours
il était presque irréprochable de son
temps, il constituait un progrès immense à
l'époque de son apparition, et nous n'avons
rien eu depuis lors qui puisse lui être comparé en fait d'étendue et de profondeur.
Toutes ces mesures, qui seraient blâ-
mées aujourd'hui avec raison, furent excellentes alors et le résultat fut particulièrement remarquable dans le Beauvaisis où
des statuts particuliers furent donnés aux
manufactures de draperie et de sergette-
rie de Beauvais; ils furent promulgués en
janvier 1667 et ont 36 articles. Mais
avant de les arrêter, le ministre envoya
le 8 novembre 1665, à Beauvais le sieur
Guy Pocquelin marchand drapier, originaire de notre ville (était-il parent de Mo-
lière?) pour élaborer avec les fabricants
de la ville les bases de ce règlement, en
déterminant le nombre des fils, les longueur et largeur des serges qui s'y fabriquent, afin de les rendre plus parfaites.
Le 14 novembre, il y eut une conférence
entre Guy Pocquelin et les fabricants.
Puis, Guy Pocquelin envoya, plus tard, de
Paris un projet de règlement, qui fut soumis aux corps de métiers et à la délibé-

ration des maire et pairs, en août 1666. Le 15 novembre suivant Colbert manda aux maire et pairs que le roi a été très aise qu'il se soit formé à Beauvais une société pour chercher à introduire le mode de fabrication des serges de Londres. (1).

Un arrêt du Conseil du 11 avril 1669, défendait à toutes personnes d'exposer en vente et d'acheter les étoffes si elles n'ont pas été visitées et marquées d'un plomb portant d'un côté les armes du roy et de l'autre le nom du lieu où elles ont été fabriquées.

Quelques années plus tard, les ouvriers locaux ne suffisaient plus aux exigences du commerce et les mémoires du temps disent qu'en mai 1684, il arriva à Beauvais un grand nombre d'ouvriers flamands pour fortifier la fabrication beauvaisine. Malheureusement, la prépondérance de Louvois et sa politique de guerre à outrance vint détruire tout le bien qu'avait fait Colbert, malgré les exagérations de son système protectionniste et réglementateur.

Sous la régence et les règnes de Louis XV et Louis XVI on vit paraître d'autres réglements relatifs à l'industrie des étoffes de Beauvais.

Avril 1726. — Arrêt du Conseil d'Etat

---

(1) Archives de la ville, HH. 12.

en 46 articles portant règlement pour les étoffes qui se fabriquent à Beauvais.

Janvier 1729. — Autre arrêt concernant les longueurs et largeurs de ces différentes étoffes.

Décembre 1735. — Arrêt qui défend aux drapiers drapants et aux sergers de Beauvais de fabriquer des serges façon de Mouy autrement qu'en 60 portées.

Mai 1739. — Arrêt permettant aux drapiers drapants de Beauvais de fabriquer des vestipolines.

27 septembre 1740. — Lettres patentes du Conseil royal des finances portant un règlement remplaçant les précédents et ayant 113 articles et statuant sur la nature, les dimensions, la couleur, les qualités des diverses étoffes qui se fabriquent à Beauvais et dénommées *ratines, flanelles, sommières, vestipolines, molletons, espagnolettes, revêches, layettes, anacostes, serges de Rome, sempiternes* (1).

14 mai 1767. — Arrêt du Conseil royal du commerce ordonnant que les règlements et statuts pour les manufactures des draps et serges de laine des villes et bourgs de Bourges, Romorantin, Issoudun, Châteauroux, La Selle, Saint-Ge-

---

(1) 44 pages in-4°. Archives de la ville. HH, 15.

noult, Vierzon, Aubigny, Chartres, Verneuil, Dreux, Falaise, Saint-Lô, Vire, Elbœuf, Illiers, Nogent, Châlons, *Beauvais*, Amiens, Aumale, *Grandvilliers*, *Crèvecœur*, *Blicourt*, Lyon, Tours et Carcassone, seront observés et exécutés nonseulement dans ces villes, mais dans les lieux circonvoisins. L'on voit que, parmi les 27 localités du royaume ou s'exerçait à cette époque l'industrie des lainages, le Beauvaisis en comprenait quatre à lui seul.

On fabriquait effectivement des etoffes dans d'autres localités du Beauvaisis : à Hanvoile, à Feuquières, à Tricot et à Sarcus, à Mouy et à Bury.

Juillet 1780. — Le règlement de 1740 y est refondu pour ce qui touche l'industrie de la généralité de Paris ; on y voit que la fabrique de Beauvais, distincte de celles de Mouy, Blicourt et Hanvoile comprenait quatre sortes de serges.

Les frais des corporations : honoraires des jurés et gardes des métiers, vérification et marques étaient supportés par les maîtres à raison d'une cotisation fixe par métier battant.

De plus, ils payaient 12 sous par métier pour l'entretien et les frais du moulin à draps de Miauroy et du moulin à foulon de Villers-sur-Thère, exploités par les communautés, ainsi que pour les frais de la halle aux laines.

Il y avait en outre un courtier, qui, avec l'autorisation du Comté-Pairie, avait pour mission « d'indiquer, aux marchands fo« rains et étrangers que les requerront « pour les aider dans leur achats, les mai« sons des fabricants de ladite ville chez « qui ils pourront faire ces achats » (1).

Pendant le règne de Louis XVI, l'industrie des lainages fut prospère à Beauvais ; en 1780, il y avait encore 900 métiers battants et 10,000 ouvriers, en y comprenant ceux de la banlieue ; dans les environs de Beauvais on nommait ces ouvriers *les trameux de Beauvais* (fabricants de trames.) C'était les fileuses des villages voisins qui leur donnaient ainsi un nom qui indiquait bien la spécialité du travail des ouvriers à qui elles livraient leurs filés. Mais le désastreux traité de commerce avec l'Angleterre, en 1786, ouvrit une concurrence redoutable, fatale à la ville de Beauvais, et en 1789, le nombre des métiers était descendu au-dessous de 600 et le nombre des ouvriers employés s'était abaissé à 7,000.

Nous allons terminer ce rapide historique de l'industrie des étoffes de Beauvais, en donnant quelques détails sur la fabrication telle qu'elle s'exerçait quelques années avant la Révolution.

---

(1) Archives de la ville, HH. 15.

Les marchandises que l'on fabriquait alors dans notre ville étaient principalement :

	Largeur aunes.	Longueur des pièces.
Les vestipolines ayant.	1/2 aune.	23 a.
Les sommières étroites.	1/2 —	23
Les sommières larges.	5/8 —	24
Les ratines..........	4/4 ou 5/4	20
Les molletons rayés...	3/4	24

L'aune de Beauvais comme celle de Paris correspondait à 1ᵐ188. C'est plus tard, à l'adoption du système métrique, que l'on toléra une aune métrique évaluée à 1ᵐ20.

Les sommières portaient le nom d'un gros bourg près de Nîmes où on les fabriquaient tout d'abord et qu'on imita plus tard dans le Beauvaisis, Toutes ces étoffes étaient croisées avec une chaîne peignée, elles se vendaient pour les jupons des femmes ou pour les doublures ; on les tissaient à deux ou trois points. Les ratines étaient de gros draps qui servaient à faire des habits ou des vestes inusables et qui se passaient de père en fils (1).

Hanvoile et Mouy envoyaient aussi des molletons à Beauvais.

La tiretaine était une étoffe grossière qui avait une demi-aune de large et 80 aulnes

---

(1) Ces ratines étaient à poils ras ou frisés.

7*

à la pièce, elle servait à faire des culottes et se vendait beaucoup en Bourgogne.

Il y avait aussi l'Aumale et le Tricot qui se faisaient dans les localités du même nom et le Saint-Lô qui se fabriquait à Sarcus. Mais dans ces pays comme à Hanvoile, on les envoyait à Beauvais pour leur donner l'apprêt.

La fabrication des étoffes exigeait bien des mains-d'œuvre ; il fallait trier la laine. la laver, la carder, la filer, la tisser, puis fouler le tissus, le tirer à poil, le teindre, le tondre et le presser.

Chaque travail avait ses ouvriers spéciaux : trieurs, laveurs, cardeurs, fileurs ou fileuses, tisserands, fouleurs, tireurs, teinturiers, foulonniers et presseurs.

Le cardage se faisait à la main au moyen de deux petites planchettes armées de dents ; à Beauvais on appelait ces deux planchettes *outieux*. La laine sortait des cardes en forme de boudins, ou tuyaux qui étaient donnés à la fileuse.

On filait au rouet dans tous les villages des environs ; c'était l'occupation des femmes. A Beauvais même, les femmes et filles s'occupaient à ce travail surtout dans les quartiers Saint-André, Sainte-Marguerite, Saint-Jean et Saint-Gilles.

Dans l'été, elles filaient devant leurs portes et Dieu sait si les langues étaient muettes. Les fileuses recevaient de 6 à 7 sous pour filer une livre de laine.

Le nombre des fabricants à Beauvais se montait à environ 200 occupant chacun de 5 à 25 tisserands. Les petits fabricants faisaient des sommières, vestipolines et molletons, les gros de la ratine.

Les tisserands touchaient cent sous pour une pièce de sommière, 4 livres pour une de vestipoline, 5 sous pour une aune de molleton. Quant à la pièce de ratine on la payait 10 livres.

En dehors des deux moulins à foulon de Miauroy et de Villers, loués par les corps de métiers, il y en avait deux à Voisinlieu et un autre rue des Sœurs-Grises.

Dans la ville, il existait dix teinturiers, 8 de petit teint pour la couleur bronze, le gris et le noir, les deux teinturiers de grand teint avaient seuls le privilège de teindre en bleu et en rouge. Beaucoup d'étoffes se vendaient écrues, c'est-à-dire sans être teintes.

On comptait 30 maîtres pareurs occupant 200 ouvriers, 15 tondeurs en employant une centaine, et 7 presseurs ayant de 40 à 60 ouvriers.

Chacune de ces corporations particulières avait son patron. Les fabricants saint Nicolas, les tisserands à bras Notre-Dame des Anges le 5 août; les tisserands à ressort, la nativité de la Vierge, le 8 septembre qu'on nommait la *septembrette*. C'est ce jour-là que commençaient les veillées. Les teinturiers avaient pour patron saint Maurice, les laineurs le Saint-Sacrement, les maîtres tondeurs saint Pierre et les ouvriers tondeurs saint Jean-Baptiste.

Chaque fête était célébrée en grande solennité.

En 1780, on fabriquait à Beauvais, année moyenne, 30,000 pièces d'étoffes ; de plus on faisait l'apprêt des autres articles que les localités voisines envoyaient à Beauvais simplement écrus.

On distinguait les drapiers-drapants qui fabriquaient et les marchands drapiers qui étaient des commerçants.

A la fin de l'ancien régime, les principaux drapants avaient abandonné la fabrication, ils achetaient aux petits fabricants en spéculant sur eux sans vergogne et, avec le traité de 1786, c'est à ce motif qu'il faut attribuer en partie la réduction de la fabrication des étoffes de Beauvais. Les commerçants s'enrichissaient, mais les malheureux petits maîtres tisserands étaient misérables et en 1789 ils ne faisaient plus que les étoffes les plus communes, car ils n'avaient pas, en général, les ressources nécessaires pour se procurer de belles laines et faire tisser de solides ratines ou de bons draps.

LE POÈTE DE FRIANCOURT

On a beaucoup parlé de Friancourt et de ses sources depuis quelque temps. Friancourt est un hameau d'Auneuil qui comprend une dizaine de maisons, un moulin et une ferme assez importante.

Au milieu du XVIe siècle, cette ferme était le modeste manoir d'un petit fief qui relevait de la seigneurie de Saint-Léger et appartenait à Christophe de Bruneaulieu, écuyer, dont le fils Nicolas de Bruneaulieu, écuyer, seigneur de la Folie et de Prouville, l'un des 100 gentils-hommes de la maison du roi Henri IV, est le poète dont nous voulons parler. Son œuvre, *restée manuscrite*, se compose d'un volume de poésies qui fut écrit à Cambrai, en 1593. Le jeune Bruneaulieu, alors en garnison dans cette ville, la dédia à la dame de ses pensées, Mlle Angélique de Lescous. Une copie de ce manuscrit existe à la bibliothèque de la Société académique ; elle contient 208 sonnets, 4 chansons et une élégie, et est ornée de calques des charmantes miniatures qui illustrent le manuscrit original.

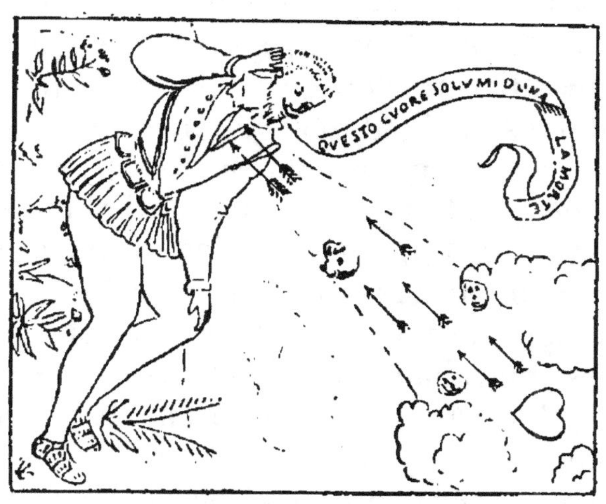

Une des miniatures du manuscrit de Bruneaulieu.

Avant de parler des poésies du jeune gentilhomme beauvaisin, nous devons dire ce que sont devenus les Bruneaulieu. Le poëte Nicolas mourut en 1620 ; son successeur fut Adrien de Bruneaulieu, puis Jean - Charles et enfin André de Bruneaulieu. Ce dernier était fort pauvre, il quitta Friancourt et résida à Puiseux-en-

Bray, où il avait encore quelques proprié-
tés. Cette famille ,dans sa pauvreté était
toujours fière de sa noblesse. André avait
épousé une demoiselle d'Abancourt de
bonne maison et mourut sans laisser d'enfant.

On prétend que, réduit à vivre du travail de ses mains et à exploiter les quelques coins de terre qui lui restaient, il
allait à la charrue, l'épée au côté, et fichait
son arme au bout du sillon. Le dernier
Bruneaulieu ne dérogeait pas en cultivant
ses terres et il eût dérogé au contraire en
étant procureur ou notaire. Le seul travail
manuel qui était permis aux gentilshommes
était l'agriculture et la fabrication du verre.
Ils pouvaient aussi devenir marchands en
gros sans perdre leur noblesse, car plusieurs marchands de Beauvais aux XVIIe
et XVIIIe siècles conservèrent leur titre
d'écuyer.

Nous allons maintenant parcourir le manuscrit du poète de Friancourt: « *Les œu-*
« *vres de Nicolas de Bruneaulieu, gen-*
« *tilhomme Beauvaisin, où sont conte-*
« *nues toutes ses amours.* »

Ce manuscrit fut terminé à Cambrai en
avril 1593, comme nous l'avons dit plus
haut ; la ville appartenait alors à la France,
car ce n'est que deux ans plus tard que les
habitants en ouvrirent les portes aux Espagnols. Bruneaulieu commença sans

doute à produire ses sonnets deux ans auparavant ; le sonnet est assez difficile à rimer, et, à raison de deux par semaine, il fallait bien deux années pour les écrire. Et pendant ces deux ans sa maîtresse fut toujours cruelle (1).

« *Sonne* moi, disait en 1545, Joachim du « Bellay, ces beaux *sonnets*, non moins « docte que plaisante invention italienne, « pour laquelle tu as Pétrarque pour mo- « dèle. »

Le sonnet est, en effet, d'origine italienne et l'arrivée en France de Catherine de Médicis le mit beaucoup à la mode. Ronsard et ses amis de la Pléiade y contribuèrent également. Cette mode dura longtemps, puisqu'à l'hôtel de Rambouillet on se délectait de sonnets sous la direction de l'incomparable Arthenice (Catherine de Vivonne, marquise de Rambouillet) qui avait d'autant plus le goût de la littérature italienne qu'elle était née à Rome en 1583 et que sa mère, Julie Savelli, était une dame fort spirituelle quoique d'esprit un peu alambiqué.

---

(1) Notre supposition est confirmée dans un sonnet qui commence ainsi :

Quand en l'an mil cinq cent nonante un
A cinq mois près de la fin de l'année
Mon âme fut captivement menée
Sous la clarté de votre œil opportun,...

La littérature française subissait à la fin du XVIe siècle l'influence italienne, puis il vint s'y joindre celle de l'Espagne, son esprit chevaleresque, son donquichottisme, son affectation d'amour platonique et l'exagération du respect des dames.

Le jeune Bruneaulieu était dans ces idées, qu'il outra encore par son amour mystique pour la belle Angélique de Lescous, beauté cruelle et fort insensible, je le crains à sa poésie dithyrambique, et qui devait penser que ce jeune officier était un peu trop un amoureux transi.

Voici comment débute Bruneaulieu en tête de son manuscrit :

> A qui sera cest œuvre présenté
> Et qui devra le recevoir ou prendre?
> Entre les mains de qui le doy-ie rendre
> Des roys ou bien de la principauté?
> Si ie le fay, de ma calamité,
> S'attristeront, et pourront y comprendre,
> Comme l'amour du ciel voulut descendre
> Pour m'esclaver sous sa divinité,
> Pityé auront connaissant ma ruyne.
> Sortir du coup d'une flèche diuine
> Mais que me chaut s'ils ont contrition
> De voir mon œil triste et mélancolique?
> Je les des die à madame *Angélique*
> Qui plus me doit avoir compassion.

L'on voit qu'à cette époque œuvre était du masculin et le mot esclaver (pour se rendre esclave) est réellement charmant.

Voici un autre sonnet :

Quand Angélique au monde prit naissance
Jupiter fit convenir tous les dieux
Leur commandant de descendre des cieux
Pour de leurs dons décorer son enfance :
Diane alors lui donna la constance
Mercure, aussi son parler gracieux
Vénus son ris, Minerve sa prudence :
Python sa voix, Diane sa beauté
Et Caliston l'emplit de cruauté
Qui la faict estre en amour tant cruelle,
Les Dieux j'honore et ce qui en provient.
Si la seruant quelque peine m'avient,
Patiemment ie l'endure pour elle.

Puis un 3e sonnet :

Lorsque je vois ce crespe blondissant
Qui de Tétis la belle tresse efface
Et ce cristal dont la splendeur surpasse
D'entre les dieux le plus resplendissant.
Baissant le chef, ie m'en vais gémissant
N'ayant assez beu de l'eau du Parnasse
Car ma rhyme est pour te chanter trop basse
Veu qu'Appolon y seroit impuissant,
Pour ce ie dois ce me semble me taire,
Puisque de moi rien ne scauroit plaire
N'es toit qu'Amour qui procure mon mieux,
Force ma main d'escrire ta louange :
Mais pour parler des mérites d'un ange,
Estre voudroy l'ambassadeur des dieux !

Après avoir rimé pendant près de deux ans ces sonnets et ces élégies, cela fait plus de 3,200 vers, le pauvre Brunaulieu, tout gémissant et larmoyant, n'en fut pas plus avancé ; la belle Angélique resta impassible et muette.

Adieu belle Angélique, or adieu de Lescous
Qui fuyez de ma foy les marques plus certaines
Adieu l'espoir trompeur des faveurs incertaines
Par qui mon cœur soustient tant d'assaults et
[de coups :.
Adieu beaux yeux cruels, en apparence doux,
Adieu cœur abusé de ses pensées hautaines,
Qui faites de mes yeux de coulantes fontaines
Quand voulutes bannir le mien d'auprès de vous.
Adieu doux entretien, adieu douce pensée,
Qui estes d'un destin cruel récompensée
Adieu bonne fortune, à ce coup ie dis non.
J'eusse cru que parfaite étiez en toute sorte
Si n'eussiez attiré mon espérance morte
Par qui iay faict au ciel voller vostre renom.

Cependant, de temps en temps, Bruneaulieu paraît se fâcher et trouver que son
amour éthéré doit le faire passer pour un
sot aux yeux de sa belle et, dans la dernière strophe d'une de ses élégies, il lui
déclare :

Si vous demeurez obsinée
Toujours à ne me dire mot
Auprès de vous ma destinée
Ne veuct que ie face le sot
Or, adieu donc iusqu'à tantot.
Vous y penserez Angélique
Si ieusse dict ainsi plustot
J'eusse vécu en catholique.

Nous nous arrêterons dans ces citations ;
elles suffisent pour donner une idée des
distractions poétiques des jeunes gentilshommes beauvaisins à la mode de la fin
du XVI° siècle et de la forme des sonnets
à cette époque.

Aujourd'hui, les jeunes gens sont moins littéraires, moins langoureux ; ils font de la gymnastique, et si Bruneaulieu revenait au monde il aurait pour Pégase un vélocipède, et pour Angélique une servante de bar ou de brasserie. Autres temps, autres mœurs !

LA PROCESSION DE L'ASSAUT

Cette cérémonie fut instituée en 1473, l'année qui suivit le siège de la ville par le Duc de Bourgogne, Charles le Téméraire ; elle doit reprendre cette année, ou du moins à peu près, le caractère qu'elle avait à son origine, c'est-à-dire que le clergé et la châsse de sainte Angadrème, patronne de Beauvais, n'en seront pas exclus.

Nous ne rappellerons pas tous les épisodes du siège, qui, commencé le 27 juin par un triple assaut, se continua jusqu'au 22 juillet, c'est-à-dire pendant 25 jours, jusqu'au moment où le féroce bourguignon et ses 80,000 hommes, après plusieurs attaques infructueuses, s'éloignèrent d'une ville dont ils pensaient avoir bon marché.

Est-ce le 27 juin, jour du premier assaut, que Jeanne Laisné conquit l'étendard bourguignon, ou bien le 9 juillet ? C'est un point qui a paru douteux et sur lequel on n'est pas d'accord. Quant à nous, nous pensons que c'est le 27 juin. C'est parce que le Téméraire savait que Beauvais était sans garnison, n'ayant pour se défendre que ses compagnies bourgeoises, qu'il se décida à attaquer notre ville. Mais il comptait sans le courage et le dévouement de ses habitants. Non seulement les hommes, mais les femmes et les filles coururent aux fortifications, faisant armes de tout ce qui leur tombait sous la main, jetant sur l'ennemi, des pierres, des bois enflammés, de l'huile bouillante, pendant que sur les remparts on promenait la châsse de sainte Angadrême, patronne de Beauvais, le *Palladium* de la cité, espérant qu'elle protégerait la ville contre les Bourguignons, comme elle l'avait protégée contre les Normands au ix⁰ siècle.

Pendant que la châsse était sur les remparts, elle fut frappée d'une flèche qui y demeura fichée.

Ce jour-là les Beauvaisins étaient livrés à leurs propres forces, puisque le lendemain seulement les premiers secours arrivèrent par la Porte de Paris, car l'orgueilleux duc avait dédaigné de cerner la ville de ce côté, comptant bien qu'elle se rendrait après une première attaque.

C'est donc ce premier assaut livré, de la Porte-Limaçon à la Porte de Bresles, qui fut le plus glorieux pour la ville et ses défenseurs.

L'année suivante, les habitants eurent l'idée de consacrer par une cérémonie le souvenir du siège et de l'assaut du 27 juin, ainsi qu'il est dit dans la relation anonyme réimprimée en 1622 :

Par ordonnance et du *consentement* des habitants de la ville de Beauvais a été ordonné que procession générale se ferait le dimanche vingt-septième jour de juin, pour rendre grâce à Dieu et aux benoists saints pour les avoir préservés l'an dernier *et à pareil jour* contre la furie du duc de Bourgogne, qui vint, lui et toute son armée, asseoir leur siège et livrèrent assaut aux trois portes, savoir : de Limaçon, de l'Hôtel-Dieu et de Bresles, etc.

A la même époque, en juin 1473, des Lettres patentes du roi Louis XI instituèrent une autre procession, le jour de la fête de Sainte-Angadrême.

Nous les donnons en extrait :

Loys, par la grâce de Dieu roy de France, savoir faisons à tous présens et advenir, que nous réduisans en mémoire, la très grande et parfaite loyauté, inviolablement

observée, sans varier, des gens d'église,
maire et échevins, pairs, bourgeois, manans (I) et habitans de notre bonne ville et
cité de Beauvais, tellement nous les répu-
tons dignes de tous les droits, libertez, fran-
chises, etc...

Et non seulement les hommes, mais pareillement les femmes et filles de la dicte ville,
lesquels voyant à l'œil l'année dernièrement
passée au devant d'icelle ville, l'armée illi-
cite et effrénée multitude des Bourguignons
par forme de siège et hostilité, garnie de
grosse artillerie : et très outragex, présomp-
tueux et impérieux assaut de bature de mu-
railles qu'ils y firent et répétèrent plusieurs
fois, cuidant la gagner et submettre...

Le très glorieux corps de saincte Agadresme et reliquaire y reposant fut lors porté
en procession solennelle ; se rendirent comme
tous, aux créneaux, à la défense de la muraille de la dicte ville, et illec de si très
grande audace, outre estimation du sexe
féminin, mirent la main à la besongne, à
l'imitation des hommes, nos bons et loyaux
subiets et leur furent en aide tellement que
les dicts Bourguignons finalement furent
reboutés et se départirent tous honctueuse-
ment...

Pourquoi avons voulu et ordonnons que
doresnavant par chacun an, le jour et solennité de la dicte glorieuse saincte Agadresme,

---

(1) Cette expression n'avait rien de blessant
au moyen-âge ; elle signifiait « demeurant dans
les murs ».

soit fait solennellement procession, messe et
sermon. Et en perpétuelle mémoire de la
dicte procession, ainsi faicte par les femmes
de la dicte ville pendant et durant la dicte
hostilité, et de leur bonne constance, vertu
et résistance. Avons en oultre voulu et ordonné que icelles femmes allent doresnavant
à la procession et précèdent les hommes
icelluy jour...

... Donné à Amboise au mois de juin de
l'an de grâce mil quatre cent soixante et
treize et de notre règne le douzième. Ainsi
signé par le Roy, le comte de Dunois, le
vicomte de Narbonne, etc.

Ces lettres patentes ne furent notifiées
aux maire et pairs de Beauvais que par
lettres de Louis XI datées d'Alençon en
août 1473.

En cette année 1473, il y eut donc deux
processions : celle du 27 juin, puis celle
du 14 octobre, jour de Sainte-Angadrême.
Ces deux solennités continuèrent d'être
célébrées chaque année, jusqu'en 1792.
Elles ne le furent pas, bien entendu, quand
la Révolution prit un caractère violent.
Mais après le rétablissement du culte, par
décret du 12 décembre 1806, l'empereur
Napoléon autorisa, chaque année, le 14 octobre ou le dimanche le plus rapproché de
cette date, la procession instituée par
Louis XI en 1473. On ne célébra pas régulièrement le 27 Juin ni sous l'Empire ni
sous la Restauration. A partir de 1830 jus-

qu'en 1848, on ne fit ni la cérémonie du 27 Juin ni celle du 14 octobre.

C'est sous la 2ᵉ République, en 1849, qu'on reprit une partie de l'ancienne tradition en réunissant les deux cérémonies en une seule, qu'on fit le 27 juin ou du moins le dimanche qui se rapprochait le plus de cette date.

On y portait la châsse de Sainte-Angadresme conformément aux lettres patentes de Louis XI. De 1849 à 1884, chaque année vit la même cérémonie avec son triple caractère civil, militaire et religieux ; c'est seulement en 1871, à cause de la présence des allemands à Beauvais, que la cérémonie ne se fit pas.

Ainsi de 1473 à 1792, c'est-à-dire pendant 319 ans, il y eut deux cérémonies ; le 27 juin, où l'on portait la châsse de Sainte-Angadrême et l'étendard pris par Jeanne-Hachette en se rendant aux trois portes de la ville assiégées en 1472. Les hommes mariés dans le cours de l'année portaient la châsse de Saint-Evrou, les compagnies privilégiées (canonniers et arquebusiers) entouraient la châsse de Sainte-Angadrême et l'étendard, puis venaient toutes les autres compagnies de la garde bourgeoise. En avant de la procession, après les femmes, les corps de métiers avec leurs bannières marchaient en corps, portant des torches allumées. Le clergé était suivi par les maire et pairs entourés de l'appareil le plus solennel et suivis par une nombreuse population. Après avoir été de la cathédrale à la Porte-Limaçon, la procession passait par la collégiale N. D. du Châtel et la rue Sainte-Marguerite et allait à la Porte de l'Hôtel-Dieu, non seulement en mémoire du siège de 1472, mais en celle de Jacques de Guehengnies et du siège de 1433. Enfin, la procession, suivant la rue de la Porte de Bresles, arrivait à cette porte, où, après plusieurs psaumes, le chœur chantait solennellement et en faux bourdon le psaume *De profundis* pour tous les beauvaisins qui avaient perdu la vie en défendant la Porte contre les Bourguignons. Enfin, par la rue du Lion Rampant, on arrivait à l'église Saint-Sauveur, où se faisait une quatrième station, avant de rentrer à la cathédrale.

Quant à la procession du 14 octobre ordonnée par Louis XI, elle consistait simplement à aller de la cathédrale à l'église Saint-Michel, où était déposé le drapeau de Jeanne-Hachette ; on y portait la châsse de Sainte-Angadrême et dans cette procession les femmes et filles de la ville suivaient immédiatement le clergé en précédant les hommes.

De 1807 à 1830, c'est-à-dire pendant 23 ans, les deux processions se firent dans la ville, à peu d'exceptions près.

De 1848 à 1884, sauf en 1871, pendant 35 ans, il n'y eut plus qu'une seule Procession : le 27 juin. On allait simplement de la cathédrale à la place de l'Hôtel-de-Ville où se trouve la statue de Jeanne Laisné, en fusionnant en une seule les deux cérémonies d'autrefois.

Ce n'est sans doute que dans le cours de ce siècle qu'on prit l'habitude de faire tirer le canon par les jeunes filles de la ville. Il ne semblerait pas que cet usage existât avant 1789.

En résumé, la procession commémorative de l'assaut a été faite pendant 377 ans avec deux interruptions. On semble vouloir reprendre à peu près les anciennes traditions, mais pour les suivre le plus exactement possible, il ne faut pas oublier surtout : 1° La châsse de sainte Angadrème ; 2° La préséance des femmes sur les hommes dans le cortège ; 3° Le *De profundis* à chanter en mémoire des citoyens de Beauvais tués pendant le siège de 1472.

Il convient de prendre le moyen-âge tel qu'il est et de se dire qu'à cette époque les croyances religieuses se confondaient avec le patriotisme d'une manière intime ; il faut accepter la châsse de sainte Angadrème comme les visions et les voix de Jeanne d'Arc. C'est faire preuve d'ignorance ou de parti pris que de voir, dans les reliques de la sainte, ce palladium datant de douze siècles, autre chose qu'un des souvenirs les plus respectables du glorieux passé de notre vieille Cité.

LA JURIDICTION CONSULAIRE

A BEAUVAIS

ET SA CONSTITUTION JUSQU'EN 1790

———

Un de nos compatriotes, ancien juge au
Tribunal de commerce, réunit depuis plusieurs années des matériaux afin d'écrire
l'histoire de ce tribunal; nous croyons
même que diverses parties de cet important travail historique sont terminées.
Mais en attendant sa publication, qui peut
tarder encore, nous pensons qu'il peut
être intéressant, dans un exposé rapide et
succinct, de dire ce qu'a été la juridiction
consulaire dans notre ville depuis l'édit
de juin 1564 qui l'a instituée jusqu'au

jour où elle a été remplacée par le tribunal de commerce actuel. Nous ne connaissons pas le travail de notre compatriote et ce que nous allons écrire n'est établi que sur nos documents personnels.

L'idée d'une juridiction spéciale pour les affaires de commerce est due à Philippe de Valois, qui, par un acte daté du 6 août 1349, donna la connaissance des causes commerciales aux gardes des foires de Champagne et de Brie.

On se trouva bien de cette justice simple, rapide et peu coûteuse.

Plus tard, le roi Henri II, en juillet 1549, constitua la première justice de juges consuls dans la ville de Toulouse. Ce fut 14 ans plus tard que le roi Charles IX ordonna la formation d'un Tribunal consulaire à Paris, en novembre 1563, puis à Angers, à Auxerre et à Sens à la fin de la même année sous l'inspiration du chancelier de l'Hospital. Beauvais fut la 6ᵉ ville où la juridiction consulaire fut instituée car c'est un édit de juin 1564, du roi Charles IX qui la créa, mais il ne fut vérifié en parlement que le 3 mai de l'année suivante. Les premiers juges consuls furent élus en juillet 1565. Il y a donc, au moment où nous écrivons, 331 ans que les commerçants de la ville de Beauvais sont jugés par leurs pairs.

Nous donnons un extrait de l'acte qui

institue les juges consuls de Paris, car tous ceux qui le suivirent furent à peu près calqués sur celui-ci.

« Sur la requête et remontrance à nous
« faites en notre Conseil de la part dés
« marchands de notre bonne ville de Pa-
« ris et pour le bien public et abbrévia-
« tion de tous procès et différends entre
« marchands qui doivent négocier en-
« semble de bonne foi, sans être astreints
« aux subtilités des lois et ordonnances,
« savoir : Art 1er. Permis et enjoint aux
« prévost des marchands et eschevins de
« nostre dite ville de Paris, nommer et
« eslire, en l'assemblée de cent notables
« bourgeois de la dite ville, qui seront
« pour cest effect, appelés et convoqués
« trois jours après la publication des pré-
« sentes, cinq membres desdits cent ou
« autres absents pourvu qu'ils soient na-
« tifs et originaires de nostre royaume,
« marchands et habitants de ladite ville
« de Paris, le premier desquels nous
« avons nommé juge des marchands et
« les quatre autres consuls desdits mar-
« chands qui prêteront serment devant le
« dict prévost des marchands, la charge
« desquels ne durera qu'un an, sans que,
« pour quelque cause que ce soit, l'un
« d'eux puisse être continué. »
Cependant il peut paraître intéressant de donner également un extrait du texte

de l'édit, de juin 1564, concernant notre
ville. « Charles, par la grâce de Dieu,
« Roi de France ; à tous présents et ave-
« nir SALUT. Les marchands et habi-
« tants de notre ville et cité de Beauvais
« ayant entendu le bon ordre qu'il nous a
« plu, par nos lettres d'Edit du mois de
« novembre dernier, concéder et octroyer
« aux marchands de notre bonne villé de
« Paris, pour le bien public et abbrévia-
« tion de tous procès et différents entre
« marchands qui doivents négocier en-
« semble de bonne foi, sans être astreints
« aux substilités des lois et ordonnances,
« nous auraient très humblement fait sup-
« plier et requérir que, pour ces mêmes
« considérations, notre bon plaisir fut leur
« octroyer et concéder le même ordre de
« justice, y être gardé pour être relevés
« des grands frais et longueurs de la dicte
« justice ; ayant égards que la pluspart
« des dits manans (1) et habitants sont
« tous marchands nos sujets, et pour plus
« grands moyens de vivre, négocient, tra-
« fiquent avec étrangers et autres : SAVOIR
« FAISONS que, après avoir eu sur ce l'avis

---

(1) Autrefois cette expression ne se prenait
pas en mauvaise part ; les manants étaient
les hommes qui demeuraient dans le pays,
ceux que les coutumes appelaient encore les
hommes levant et *couchant.*

« de la Reine notre très honorée Dame et
« mère (1), des princes de notre sang et
« lignage, et autres honorables person-
« nages de notre Conseil privé, avons en
« inclinant libéralément à la requête des
« supliants, dit et déclaré, et de nos cer-
« taines science, grâce spéciale, pleine
« puissance et autorité royale, disons, dé-
« clarons, voulons, ordonnons et nous
« plait, que l'ordonnance et règlement
« par nous fait sur l'ordre de justice de
« notre dite ville de Paris, et pour ces
« susdites causes et considérations aura
« lieu et sortira son plein et entier effet
« en la dite ville de Beauvais.... fors
« excepté toutefois que, au lieu que nous
« avons permis au Prévôt des marchands
« de notre ville de Paris, de nommer et
« élire en l'assemblée cent notables bour-
« geois, les maire et échevins de la dite
« ville de Beauvais n'en pourront nom-
« mer que 50 et des dits cinquante élire
« un juge marchand, avec quatre consuls
« seulement; demeurant le résidu de notre
« dite ordonnance en son plein et entier
« effet si *mandons et ordonnons* à nos
« amis et féaux les gens de notre cour de

---

(1) Charles XI avait alors 14 ans, sa mère,
Catherine de Médicis, était encore régente,
mais la justice se rendait au nom du jeune
roi.

« Parlement, Bailli de Senlis (1) ou son
« lieutenant audit Beauvais, qu'ils fassent
« lire, publier et enregistrer, garder et
« observer de point en point... *Car tel*
« *est notre plaisir* et afin que ce soit
« chose ferme et stable à toujours, nous
« avons fait mettre notre scel à ces dites
« presentes. Donné à Lyon au mois de
« juin, l'an de grâce 1564 et de notre
« règne le 4e.

A Rouen, il y avait un juge surnumé-
raire qui était nommé procureur syndic
et qui faisait fonction de procureur du roi,
mais n'avait pas voix délibérative.

A Beauvais et dans la plupart des villes,
il existait comme à Paris un juge et quatre
consuls, mais dans d'autres localités il n'y
avait que deux consuls. Chaque juridiction
avait un greffier et deux ou quatre huissiers audienciers ; à Paris, le siège était
derrière Saint-Médéric, dans une maison
nommée hôtel des consuls ; on tenait audience trois jours par semaine. Dans notre
ville les consuls siégeaient dans une salle de
la maison commune, mais il y eut souvent
des difficultés à ce propos avec les maires
et échevins. Pendant un certain temps, le

---

(2) Ce n'est qu'en 1580 que fut intitué le
Bailliage Présidial de Beauvais ; en 1564 la
justice royale du Beauvaisis était exercée
par le Bailli de Senlis.

tribunal consulaire se réunit dans une pièce du Couvent des Minimes, là où est aujourd'hui la maison de M. G. Gaillard.

Cette institution souleva bien des difficultés de la part de l'évêque qui y voyait un empiètement sur ses droits de justice. Le procès dura vingt ans et se termina par une transaction. Les juges consuls furent maintenus mais à la charge de payer une redevance annuelle de cent livres pour droits de greffe.

L'ordonnance du mois de mars 1573, chapitre 1er, titre XIII, déclara commun à tous les sièges de Juges et Consuls, l'édit de leur établissement en 1563.

Les sentences de ces tribunaux ne s'expédiaient qu'en papier, celles portant contrainte par corps étaient exécutoires jusqu'à la somme de cinq cents livres, nonobstant opposition et appellation, comme on disait alors. Et les appellations qui étaient interjettées allaient directement à la grande Chambre du Parlement. Dans la juridiction de Beauvais, comme dans toutes les autres, d'ailleurs, il n'y avait pas de procureurs postulants et chacun pouvait plaider sa cause. Il était permis à ceux qui ne pouvaient comparaître ou qui n'avaient pas assez de capacité pour se défendre de se servir de qui bon leur semblait.

Dans notre ville, à partir de 1664, il y eut une personne avouée des juges et consuls et agréée par eux qui pouvait prendre la défense des parties, mais cet espèce de procureur sans titre n'avait d'autre rétribution pour ses salaires et vacations que celle qui lui était volontairement faite par ceux qui le chargeait de leurs causes.

Pour parvenir au consulat il fallait quatre qualités : 1° Avoir été marchand ou l'être encore ; 2° Etre natif et originaire du royaume ; 3° Etre domicilié à Beauvais ; 4° Etre de bonnes mœurs et sans reproche.

Le premier juge devait avoir au moins 40 ans et les autres 27 ; on ne pouvait être premier juge sans avoir auparavant été consul. Les fonctions des uns et des autres ne pouvaient durer plus d'un an.

Voici comment on procédait à l'élection au XVIII° siècle, car antérieurement et conformément à l'édit de Charles IX, les électeurs furent désignés par la municipalité, qui paraît avoir, en diverses circonstances, été en désaccord avec les consuls et les corporations de l'industrie lainière. C'est surtout en 1723, sous le majorat d'Antoine Motte, qui n'avait pu parvenir au consulat, que ces différents surgirent. Aussi, les juges consuls de 1722 siégèrent pendant toute l'année 1723 et c'est l'année suivante que les élections régulières reprirent leur cours.

La veille de la Chandeleur on signifiait

aux corporations et aux principaux marchands de la ville qui devaient être au moins au nombre de cinquante de se trouver dans la salle judiciaire des consuls pour de là assister au service qui se faisait en l'église Saint-Etienne on à St-Sauveur pour le repos des défunts juges et consuls. Le lendemain, jour de l'élection, on allait à l'une de ces églises entendre la messe du Saint-Esprit et on en revenait deux par deux précédé du greffier et des huissiers. Arrivé dans la salle d'audience on appelait à haute voix les anciens juges et consuls, les gardes des métiers et les marchands et l'on mettait tous leurs noms dans la toque du greffier. Puis les billets étaient brouillés, le juge en tirait trente de cette toque et rejetait tous les autres. Ces trente tirés étaient les électeurs avec les 4 consuls et le juge en charge ; les deux premiers noms tirés étaient scrutateurs.

Alors le juge et les consuls nommaient à *haute voix* les personnes à qui ils donnaient leur vote, ensuite les deux scrutateurs donnaient le leur. Après, le premier scrutateur appellait les uns après les autres les vingt-huit autres électeurs qui donnaient leur vote également à *haute voix*. Les votes étaient recueillis par le greffier. Les cinq qui avaient la majorité étaient élus ; le premier juge étant celui qui avait le plus de suffrages.

L'élection étant faite, les juges en charge faisaient prévenir ceux qui étaient élus et, accompagnés du greffier et des huissiers, ils allaient rendre compte de l'élection au baillage présidial et aux gens du roi qui leur donnaient jour afin de prêter serment.

C'était en séance solennelle que se recevait le serment devant le lieutenant général, le lieutenant particulier, les neuf conseillers, l'avocat et le procureur du roi.

La semaine d'après l'élection les juges et consuls faisaient délivrer par leur greffier et signifier par les huissiers aux électeurs qui avaient participé à l'élection de se trouver à la maison consulaire pour élire des commissaires au nombre de douze à quatorze.

A Beauvais les commissaires se nommaient postulants. Ils devaient tour à tour se rendre au tribunal consulaire les jours d'audience pour aider les consuls de leurs avis et conseils, mais sans avoir voix délibérative, en certaines affaires particulières. Ils étaient frappés d'une amende quand ils ne se présentaient pas et ne pouvaient la faire décharger que pour cause valable. Une des fonctions de ces postulants était d'examiner les comptes des parties dans une chambre et d'en faire un rapport sur le champ à l'audience. On les nommait postulants parce que c'était généralement parmi eux que se recrutaient les consuls qui n'arrivaient ainsi à exercer leurs fonctions qu'après avoir donné des preuves d'aptitude et de connaissances dans les affaires.

Voilà comment les choses se passaient avant l'établissement du tribunal de commerce ; il y eut cependant quelques changements de temps en temps, soit dans le nombre des électeurs, soit dans celui des postulants. Il y avait peut-être dans ces anciens usages diverses choses que l'on pourrait reprendre sans inconvénients et avec avantage. On n'avait pas encore inventé le suffrage universel et les choses n'en allaient pas plus mal.

Nous allons donner les noms des principaux juges consuls depuis l'institution de la juridiction ; on verra qu'un grand nombre étaient des meilleures et plus anciennes familles beauvaisines, que quelques-uns même appartenaient à la petite noblesse, car on ne dérogeait pas en se livrant au commerce de gros ou à la fabrication des étoffes.

Le premier juge fut Jehan de Malinguehen, élu en 1565, dont la famille est originaire du Brabant, car au XIII° siècle Robert de Malinguehen était grand fauconnier de Jean-Baptiste, duc de Brabant et de Limbourg. Ce Jehan de Malinguehen était marchand et demeurait rue de l'Etamine. Son portrait est dans un vitrail de l'église Saint-Etienne ; il avait été maire de la ville en 1550.

1566, Pierre Gallopin ; 1567, Pierre Loisel ; 1568, François d'Auvergne ; 1569, Jean de Catheu ; 1470, Robert de Regnonval ; 1587, Claude Gallopin ; 1588, Pierre Darie ; 1593, Nicolas Vualon ; 1601, Charles Le Lanternier ; 1602, Nicolas Brocard ; 1605, Yves Foy ; 1611, Jean Pocquelin ; 1616, Jean Caron ; 1617, Jacques de Nully ; 1622, Yves Darie ; 1626, Louis Foy ; 1627, Nicolas de Regnonval ; 1632, Louis Le Mareschal ; 1640, Pierre Borel ; 1643, Nicolas Ticquet ; 1646, Claude Gallopin ; 1654, Nicolas Danse ; 1661, Louis de Nully ; 1663, Raoul Lebarbier ; 1670, Claude Ticquet ; 1671, Lucien Motte ; 1675, François Michel ; 1676, François Vualon ; 1677, Antoine Gallopin ; 1681, François Ricard ; 1683, Claude Danse ; 1685, Nicolas Simon ; 1697, Pierre Aux Cousteaux ; 1700, Ch. de Catheu ; 1703, Ch. de Nully ; 1703, Nicolas de Regnonval ; 1708, François Motte ; 1709, André Michel ; 1712, Pierre Bucquet ; 1714, François Vualon ; 1716, Lucien Danse ; 1721, Claude Vualon de Missy ; 1731, Jacques Aux Cousteaux ; 1734, Pierre Ticquet ; 1742, Jean Bucquet ; 1748, Jean Charles Danse : 1750, Claude Michel ; 1758, Joseph Mouffle ; 1761, Nicolas Michel ; 1762, Charles Ticquet ; 1765, François Aux Couteaux ; 1766, François Père ; 1769, Antoine Platel ; 1771, Louis Langlois ; 1772, Nicolas Leuiller ; 1776, Georges de Nully de Groserve ; 1777, Louis Ticquet ; 1779, Michel-Varlet ; 1781, Charles de Nully ; 1784, Charles Ticquet ; 1790 (c'est la dernière nomination) : Renault-Ma, juge ; Renault-Lamorinière, J.-B. Du Coudray, Laurent Anselin et Michel Ticquet, consuls.

Par la loi d'août 1790, le tribunal consulaire fut supprimé et remplacé par un tribunal de commerce. Le premier président, nommé en mai 1791, fut Langlois-Mouffle, et les quatre juges : de Bonne-Seré, Carré, Mignon et Pillon.

En 1724 il y eut de graves difficultés entre le maire Michel et les juges consuls qui siégeaient à l'Hôtel de Ville ; le maire fit dépaver la salle et ôter les sièges et bancs, il fallut un ordre du Parlement pour les faire rétablir.

Il était d'usage, pendant la moitié du XVIII\ siècle, que les juges donnassent un repas aux trente électeurs qui les nommaient. En 1743 on supprima ce banquet et chaque vocal eut un jeton d'argent ; deux ans après on rétablit le repas et on continua de donner le jeton.

Pendant la construction de l'Hôtel de Ville les consuls siégèrent dans une grande salle des Minimes. Quand l'Hôtel fut reconstruit ils rétablirent leur audience à la mairie, mais les consuls demandèrent en outre une Chambre de conseil et le passage par le grand escalier; le maire refusa et le grand escalier fut fermé. Le lieutenant général du Présidial prit un arrêt sur requête et fit déclore l'escalier, Depuis l'institution de la juridiction consulaire il eut trois audiences par semaine les mardi, jeudi et samedi, mais en 1752 on réduisit les audiences à deux, les mercredi et samedi.

Nous n'avons pas donné la liste entière des premiers juges qui se succédèrent à la présidence du tribunal consulaire de 1565 à 1790, il sont au nombre de 225. Plusieurs occupèrent la même charge au bout d'un certain temps, soit avant ou après avoir présidé la justice consulaire. Plusieurs de ces commerçants furent maires de la ville et l'on peut citer parmi eux Jean de Malinguehen maire en 1550, Pierre Loysel (1569), François d'Auvergne (1555), Jean de Catheu (1551), Nicolas Paumart (1578), Claude Gallopin (1594), Yves Foy (1606), Yves Darie (1635), Nicolas Gallopin (1644), Pierre Borel (1647), Georges de Nully (1673) François Vualon (1687), François Ricard (1689), André Michel (1721 23 à 31, François Vualon (1725), Jean Bucquet (1750), Nicolas Blanchard (1723), Jacques Aux-

Couteaux (1740), Jacques-François de Sales Danse (1779).

Le juge consul était donc un personnage considérable à Beauvais et de nos jours nous avons vu plusieurs présidents du tribunal de commerce devenir les premiers magistrats de la Cité, tels que MM. Benoit et Cavrel, il y a une vingtaine d'années. Aujourd'hui même le maire de la ville est un ancien président du tribunal consulaire.

Les juges consuls avant la Révolution appartenaient à ces vieilles familles de fabricants de lainage et marchands qui constituait la haute bourgeoisie beauvaisine; plusieurs faisaient partie de la petite noblesse et portaient le titre d'écuyer, un certain nombre avaient des armoiries et, dans un tirage spécial qui sera fait de cette notice, nous donnerons le dessin de 16 des blasons de plusieurs de nos anciens juges consuls.

Pour terminer, nous nous permettrons d'exprimer un modeste vœu. Dans la Bibliothèque de la ville se trouve le tableau des maires depuis 1175; dans la grande salle de la Caisse d'épargne, celui de ses administrateurs depuis 1835; ne pourrait-on pas dans la salle d'audience du tribunal de Commerce orner les murs de plaques où se liraient les noms des anciens juges consuls de 1565 à 1790, et des présidents

8*

du tribunal depuis cette époque jusqu'à nos jours? Ne serait-il pas naturel de faire connaître aux justiciables présents et à venir les noms des commerçants dévoués qui depuis plus de 300 ans ont donné leur temps et leur travail avec le plus complet désintéressement, en exerçant cette justice consulaire excellente, et qui serait encore peut-être meilleure si l'on restait complètement dans l'esprit et dans les intentions de son institution du temps des Valois.

Ce tableau existe dans la Chambre des délibérations, il est vrai, mais le public n'y pénètre pas et ne peut le voir.

Les Armoiries des Juges Consuls de Beauvais

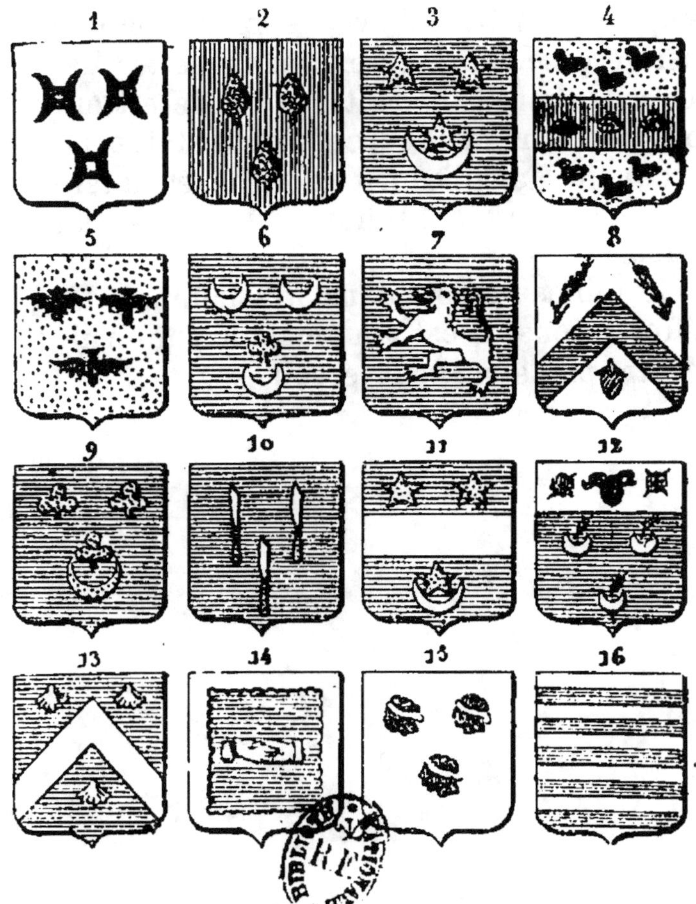

1 De Malinguehen — 2 Gallopin — 3 Leullier — 4 D'Auvergne — 5 De Malinguehen — 6 Regnonval — 7 Darie — 8 Danse — 9 Brocard — 10 Aux Cousteaux — 11 De Nully — 12 Ticquet — 13 Michel — 14 Foy — 15 Ricard — 16 Borel.

JEANNE HACHETTE

A-T-ELLE EXISTÉ ?

—

Il y a onze ans que cette question a été parfaitement traitée par M. Charvet dans les Mémoires de la Société académique de l'Oise. Nous la croyions tout à fait enterrée sous les arguments de notre savant ami. Il n'en est rien à ce qu'il paraît. Si M. Charvet eût été à Beauvais il aurait facilement remis les choses au point. En son absence nous allons essayer de le faire, quoique nous ne possédions ni la science ni l'autorité du Président de la Société académique, mais… faute de grives on mange des merles !

Lors de la dernière procession de l'Assaut, un rédacteur d'un journal parisien, *l'Eclair*, venu à Beauvais à l'occasion des fêtes, a écrit dans le numéro du 30 juin 1896 un article fort spirituel sur Jeanne Hachette. Il prétend avoir rencontré sur la place un beauvaisin, dont le profil évoque la physionomie de Louis XI, et qui lui aurait dicté toutes sortes de choses fort curieuses sur notre héroïne et le siège de 1472. D'après cet inconnu, Jeanne Hachette n'aurait jamais existé et cette brave fille, dont la statue orne la place de l'Hôtel-de-Ville, ne serait qu'un mythe, un être imaginaire, tout au plus la personnification de l'héroïsme des femmes de la ville au moment du siège.

M. de Bonnefon a-t-il réellement rencontré le personnage dont il parle ? Si cela est vrai, il pourrait bien se faire que, quoique parisien et malgré tout son esprit, il eut été quelque peu mystifié par un Louis XI du cru. Ce passant s'est rappelé, sans doute, que le roi, auquel on prétend qu'il ressemble, aimait parfois la plaisanterie, comme le montrent les *Cent Nouvelles Nouvelles* qu'on lui attribue et particulièrement la *Nonante et Neufvième qui racompte comme quoy ung vendredi deux perdris furent converties en poissons.*

M. de Bonnefon n'ignore pas sans doute qu'en 1817, parut un charmant badinage intitulé : *Comme quoi Napoléon n'a jamais existé ou grand erratum source d'un nombre infini d'errata, à noter dans l'histoire du XIX⁰ siècle.* Ce petit livre, imprimé d'abord à Agen, eut des éditions successives à Paris, en 1819, puis en 1860. L'auteur, Pérès, bibliothécaire de la ville d'Agen, ayant rencontré à la campagne un partisan effrêné de l'Origine des cultes de Dupuis, offrit, pour le convaincre de l'inanité de ses démonstrations, de prouver en suivant la même méthode, que l'Empereur n'était qu'un héros légendaire et tout son règne une allégorie. Si ce livre eût paru au XXV⁰ siècle on se fut demandé certainement si Napoléon n'était pas un mythe et son épopée glorieuse une véritable légende.

Il est une école qui prétend que l'histoire est une contradiction perpétuelle avec la vérité, et qu'il faut surtout consulter les documents de l'époque. Tout le monde admet que c'est ainsi qu'il faut procéder ; mais encore faut-il agir sans parti pris et ne pas faire dire aux documents que l'on invoque tout autre chose que la vérité. Les journalistes en général aiment les paradoxes ; ils ont bien raison en ce sens qu'ils y trouvent le moyen de sortir de la banalité et d'intéresser leurs lecteurs. C'est un piment qui relève singulièrement la sauce de leur cuisine. M. de Bonnefon a-t-il vraiment obtenu d'un inconnu les renseignements dont il parle ? Ce personnage ne serait-il pas, lui-même, un mythe plutôt que Jeanne Hachette ? Quoi qu'il en soit, l'article de *l'Eclair* a ému quelques-uns de nos concitoyens qui se demandent si les Beauvaisins ne sont pas de naïfs jobards, faisant partie de l'espèce *Ostrea bellovacina,* comme on dit en géologie en parlant de certains fossiles de l'étage tertiaire des environs de la ville, et en s'enorgueillissant d'une héroïne imaginaire, d'un être immatériel et surtout en lui ayant érigé une statue de bronze qui est fort matérielle. Ce n'est pas tout, depuis quelques années plusieurs éloquents prélats, dont Mgr le cardinal Lécot, ont fait, à la cathédrale, le panégyrique de notre Jeanne ; imprudents orateurs, puisqu'ils tenaient à parler d'une Jeanne, ils eussent mieux fait d'entretenir leur auditoire de la papesse Jeanne à l'authenticité de laquelle on a cru du IXe au XVe siècle, car Barthélemy Sacchi (Platina), bibliothécaire du Vatican, dans son *Histoire des Papes,* dédiée à Sixte IV, écrite précisément au moment du siège de Beauvais, affirme l'existence de la papesse.

Mais, revenons à l'article de *l'Eclair* : quoiqu'il paraisse sérieux en première lecture, ce n'est sans doute qu'une plaisanterie de journaliste qui est tombée subitement dans notre calme plat en effarant quelques-uns d'entre nous, exactement comme une pierre qu'on lance dans une mare à grenouilles. De plus il a paru faire le plus grand plaisir à certaines gens qui croyaient dur comme fer (ainsi qu'on dit ici) à Jeanne-Hachette, l'année dernière, mais qui n'y croient plus du tout en 1896.

Voici d'ailleurs les arguments principaux que M. de Bonnefon, inspiré par son interlocuteur fantastique, donne à l'appui de sa thèse :

1° Philippe de Commines qui était présent au siège ne parle pas de Jeanne Hachette dans ses mémoires ;

2° Mezeray est le premier historien qui s'occupe de Jeanne Hachette et lui donne ce surnom ;

3° Jean de Bonneuil, un contemporain, ne dit mot de Jeanne Hachette et cependant il assure que les femmes prirent un étendard ;

4° Dans les lettres du roi Louis XI, de juillet 1472, ce monarque remercie les habitants et il n'est pas question de Jeanne Hachette ;

5° La lettre du même roi, écrite de Senlis, qui accorde certains avantages fiscaux à Jeanne Laisné et à son mari Colin Pillon, est une pièce *fausse* ; elle a été *fabriquée 200 ans après la mort de Louis XI.*

6° Aurillot, qui a signé cette prétendue lettre, est un personnage imaginaire car on ne voit cet Aurillot figurer dans aucun document royal du règne de Louis XI.

De tout ceci il résulte que Jeanne Hachette n'a jamais existé, qu'elle est, dit-on, un beau *rêve des imaginations picardes*. Nous ferons observer d'abord que Beauvais n'est pas en Picardie. Notre ville est bien un peu au sud de cette province mais pas suffisamment pour que ses habitants possèdent la merveilleuse et spirituelle imagination des gens du véritable midi.

Cependant, il peut se trouver dans notre vieille cité quelques personnes qui pourraient prendre au sérieux l'article humoristique de l'*Eclair* ; nous devons donc, en bon beauvaisin, montrer que ce n'est qu'un traquenard, habilement tendu, mais auquel ne peuvent se prendre ceux de nos compatriotes qui connaissent un peu l'histoire locale.

Examinons donc les arguments et documents invoqués les uns après les autres :

1° *Philippe de Commines, qui assistait au siège, ne parle pas de Jeanne-Hachette dans ses mémoires.*

D'abord Commines en 1472 n'était plus au service du duc de Bourgogne, il était à celui de Louis XI qui, l'ayant attiré à lui, l'avait fait son chambellan, en lui accordant maints avantages ; il *n'était donc pas présent au siège de Beauvais* et, quand même il y eut assisté, pouvait-il, lui, se trouvant parmi les assiégeants, savoir ce qui se passait sur le rempart, et connaître le nom des femmes de la ville qui le défendaient et le nom de celle qui, le 27 juin, s'empara d'un drapeau bourguignon. Il n'écrivit ses mémoires d'ailleurs que 20 ans après le siège de Beauvais.

2° Mezeray est le premier historien qui parle de Jeanne Hachette. Puisqu'on prétend déboulonner notre Jeanne, il faut y mettre de la précision ; le grand ouvrage de Mezeray publié en (1643-1651), ne dit rien de Jeanne Hachette ; c'est seulement dans son abrégé chronologique, imprimé en 1668, qu'il en est question.

Nous admettons volontiers que Jeanne Laîné n'avait pas de hache et qu'elle s'empara de l'étendard tout simplement en l'arrachant des mains de l'homme d'armes qui voulait le planter sur la muraille. Ce surnom n'a pas été donné à Jeanne la première fois par Mezeray, mais par André Favin dans son histoire de Navarre (1622) il y dit : « *On voit à l'Hôtel de Ville de Beauvais l'effigie de cette femme nommée Jeanne Hachette peinte tenant une épée à la main.*

Dans le *discours du siège* écrit, on le croit, par un témoin oculaire, mais imprimé pour la première fois à Beauvais en 1622, il y est écrit :

Il n'est pas à oublier qu'au dict assault, pendant que les bourguignons dressoient échelle et montoient sur la muraille, l'une des filles de Beauvais nommée Jeanne Fourquet, sans autre baston ny ayde, princt et arracha à l'un des dicts bourguignons, l'étendard qu'il tenoit et le porta en l'église des Jacobins.

Adrien de Boufflers dans son livre « *Choix de plusieurs histoires et autres choses mémorables* », Paris 1608, parle de l'héroïne ; il la nomme aussi Jeanne Fourquet et prétend que c'était une brise-sesse de laine.

Enfin un historien contemporain du siège, Robert Gaguin, s'exprime ainsi dans son livre :

Compendium super Francorum gestis. — Paris 1507, (35 ans après le siège :

In ea oppugnatione, egregia virtus puellæ cujusdam apparuit quæ a burgundo milite, dum in murum scandit, vexillum extorsit (1).

Parmi les historiens antérieurs à Mezeray il ne faut pas oublier Loisel (mémoires du Beauvaisis, 1627) qui donne le texte même des lettres du roi Louis XI où

---

(1) Dans cet assaut apparut une jeune fille d'un grand courage qui arracha un étendard à un soldat bourguignon qui franchissait la muraille.

il est question de Jeanne et de son mari Colin Pillon. On pourrait également ajouter P. Mathieu, car dans son histoire de Louis XI (1610) il dit : « *On a vu en l'église des Jacobins de Beauvais un drappeau qu'une femme nommée Jeanne Fourquet arracha des mains d'un enseigne qui avait gaigné le haut de la muraille.* »

Ces citations suffisent pour montrer que la thèse de l'*Eclair* ne tient pas debout ; d'ailleurs, sauf de Barante qui ne parle pas de Jeanne dans son histoire des ducs de Bourgogne, ce que M. de Bonnefon a oublié de dire, quoique ce silence lui fut favorable, tous nos historiens relatent le fait relatif à notre héroïne : Sismondi, Henri Martin, Michelet, Guizot, Dareste, P. Daniel, et tant d'autres.

3° *Jean de Bonneuil ne dit rien de Jeanne.* Ce Jean de Bonneuil était chanoine de la Cathédrale au moment du siège ; dans les comptes qu'il rendit en 1472 il n'y a que quelques mots sur l'assaut du 27 juin, mais à la date du 9 juillet on lit : « Les dits Bourguignons... à l'aide
« de Dieu et des benoist saints furent re-
« boutés arrière des murs qu'il en de-
« moura si grand nombre de gens d'armes
« et autres dedans les fossés avec trois
« étendards desquels les femmes en gai-
« gnèrent l'un. »

Le chanoine écrivait ce mémorandum jour par jour, il a pu ignorer le nom de la femme qui prit le drapeau. D'ailleurs il s'agit de l'assaut du 9 juillet et c'est à celui du 27 juin que Jeanne s'empara de l'étendard Bourguignon. On voit que l'argument donné à propos de Jean de Bonneuil n'a absolument aucune portée. Avec ce système on pourrait dire à M. de Bonnefon : Vous ne donnez pas le nom de votre interlocuteur du 27 juin 1896, donc c'est un personnage imaginaire.

4° Dans les lettres de juillet 1472 Louis XI ne s'occupe pas de Jeanne.

Réfléchissons un peu ; cette lettre a été écrite à la Roche-au-Duc, à plus de 100 lieues de Beauvais, et certainement dans les derniers jours de juillet ; le roi venait de recevoir des exprès qui l'informaient que le siège était levé, car il y est écrit : « *Etant informez, tant par nos chefs de guerre à présent étant en notre ville de Beauvais que par plusieurs autres dignes de foy, venus du dict lieu.* »

Louis XI savait que les habitants de Beauvais s'étaient bien défendus, mais il ne connaissait pas tous les détails du siège ; il ignorait l'acte de Jeanne et il ne pouvait en parler. D'ailleurs le fait de la prise d'un étendard par une jeune fille était par lui-même peu important. Ce qui importait au roi était la défaite de son ennemi et l'occasion de témoigner au plus vite à cette bourgeoisie, que sa politique tenait à flatter, toute sa reconnaissance pour son énergique conduite.

Un peu plus tard, Louis XI désirant montrer personnellement aux Beauvaisins sa satisfaction pour leur fermeté pendant le siège, vint à Beauvais en janvier; il était accompagné du duc d'Orléans (depuis Louis XII); il alla d'abord à l'église Saint-Michel où il fit ses dévotions aux reliques de saint Angadresme et se fit raconter les divers épisodes du siège; on lui montra dans l'église des Jacobins l'étendard pris sur les bourguignons, il se fit présenter la jeune fille qui l'avait enlevé des mains du soldat ennemi, apprit qu'elle était fiancée à Colin Pillon et désira que le mariage s'accomplît.

C'est ainsi que le mois suivant, se trouvant à Senlis à la mi-février, après être revenu dans les premiers jours du même mois à Beauvais à la suite d'un voyage à Amiens, il fit écrire par Aurillot, l'un de ses secrétaires, les lettres patentes en faveur de Jeanne où il est écrit :

« *Nous avons pour ces causes, et*
« *aussi en faveur du mariage de Colin*
« *Pilon et elle, lequel par notre moyen*
« *a été naguière traicté, conclud et*
« *accordé et pour autres considé-*

« *rations à ce nous mouvans, octroyé et*
« *octroyons, voulons et nous plaît de*
« *grâce spéciale par ces présentes que*
« *les dicts Colin Pillon et Jeanne, sa*
« *femme, et chacun d'eux soient et de-*
« *meurent, leur vie durant, quittes et*
« *exempts de toutes les tailles, etc.* »

Voilà qui est clair ; si les lettres de Senlis, en février, paraissent un contrat de mariage, comme le dit malicieusement le prétendu interlocuteur de M. de Bonnefond, c'est que le roi, le mois précédent, étant à Beauvais, s'était intéressé au mariage de Jeanne et il est probable même que Louis XI l'avait dotée, car lorsqu'il s'agissait de flatter le populaire, le politique Roi était fort généreux.

C'est en quoi Louis XI ressemble à certains hommes politiques du XIXe siècle ; ils flagornent le populaire et sont généreux, au moins en paroles.

On nous dit : « Montrez-nous ces lettres patentes ? » Hélas ! nous ne les avons plus ; elles ont été égarées, mais le texte s'en trouve dans Loisel qui les a vues. Elles existaient aux archives à la fin du xvie siècle, car elles ont été inventoriées en 1492 et en 1536 (archives de la ville II 57). 1° *Inventoires des lectres et chartres de la vile de Beauvais, baillées à hounourables hommes et sages Pierre Le Bastier, lieutenant de M. le Capitaine, etc. ;* 2° *In-*

ventaire des chartres, tiltres et autres
muniemens de la ville et cité de Beau-
vais qui étoient en ung coffre de fer, etc.

Mais ce n'est pas tout, on peut voir dans
nos archives (dossier E E 7), une pièce
sur parchemin portant la date du 3 mai
.1474. C'est la déclaration des généraux des
finances donnant leur consentement à
l'entérinement des lettres patentes de Senlis par lesquelles le roi Louis XI « *a oc-*
« *troyé à Colin Pillon et à Jehanne*
« *Layné sa femme, qu'ilz et chacun*
« *d'eux soient et demeurent leur vie*
« *durant francs, quittes et exempts de*
« *toutes tailles qui sont ou seront do-*
« *resnavant imposées de par le roy nos-*
« *tre seigneur en son royaume, etc.* »

On trouve dans cet acte d'entérinement
les mêmes expressions que dans les lettres
patentes qu'elle vise.

Voilà qui est précis. On n'intérine pas
des titres imaginaires. Les lettres en faveur de Jeanne sont donc authentiques,
donc JEANNE A EXISTÉ. Si Louis XI parle
du mariage de Jeanne, c'est, comme nous
l'avons dit, qu'il s'y était intéressé antérieurement, lors de son voyage à Beauvais.
Tout cela est très clair et incontestable.

Mais cependant, si les lettres de Senlis
étaient fausses? si elles avaient été fabriquées 200 ans après la mort du roi?
Elles ne peuvent être fausses puisque le

parchemin ordonnant leur entérinement existe à l'Hôtel de Ville dans les archives (dossier EE7).

Comptons un peu, d'ailleurs ; si elles avaient été fabriquées 200 ans après la mort de Louis XI, arrivée en 1483, c'est en 1683 qu'on eût commis le faux. Or, au commencement du XVIIᵉ siècle, Loisel les a vues puisqu'il en donne le texte dans son histoire imprimée en 1627, (page 352). D'ailleurs pourquoi aurait-on commis ce faux ? la famille de Jeanne était obscure, peut-être n'existait-elle plus au XVIIᵉ siècle. Quand on fait de pareilles suppositions, encore faudrait-il qu'elles fussent motivées et vraisemblables. Il y a un procédé de discussion que nous trouvons blâmable ; il consiste à affirmer l'authenticité des pièces favorables à la thèse que l'on soutient et à prétendre à la fausseté de toutes celles qui lui sont contraires. Avec ce système on a toujours raison.

6° *Le prétendu secrétaire du roi, Aurillot qui a contresigné les lettres de Senlis, est un personnage imaginaire. On ne voit figurer le nom de cet Aurillot dans aucun des actes royaux de Louis XI.*

Voilà une affirmation bien imprudente et c'est un comble. Nous conseillons à M. de Bonnefon de lire un ouvrage récemment paru : *Lettres de Louis XI publiées par*

Joseph Vaesen, *Paris 1895* ; qu'il ouvre le 5° volume, il verra :

Page 244. Une lettre du roi datée de Senlis, le 2 mai 1474, adressée au Seigneur du Bouchage et contresignée *Aurillot* (Original aux Archives Nationales).

Page 251. Une autre lettre en latin envoyée à Frédéric III, le Pacifique, empereur d'Allemagne, datée également de Senlis, le 11 mai 1474, et contresignée Au rillot. (L'original est aux archives impériales de Vienne).

Page 292. Une troisième lettre de Pont de Sannois, du 4 octobre 1474, adressée à la Chambre des comptes du Dauphiné et signée : Aurillot. (L'original est dans les archives de l'Isère).

Page 295. Lettre au seigneur du Plessis datée de Senlis le 16 octobre 1474, contresignée : Aurillot. (Original à la Bibliothèque Nationale)

Nous nous arrêtons dans ces citations. Elles sont suffisantes pour démontrer l'existence d'Aurillot, secrétaire du roi, et faire voir avec quelle légèreté, mitigée par beaucoup d'esprit, je l'avoue, on a avancé tant d'allégations erronées, pour démontrer que Jeanne Hachette était un personnage fantastique.

Les beauvaisins peuvent dormir tranquilles : leur héroïne a existé réellement et le bronze de la place de l'Hôtel de Ville a sa raison d'être. Vraiment, M. de Bonnefon nous a pris pour des habitants de Falaise !

Quant à l'authenticité du drapeau, dont un lambeau se trouve dans la bibliothèque de la ville, nous admettrons jusqu'à un certain point qu'elle peut paraître douteuse ; mais si nous sommes d'accord avec M. Charvet sur certains détails, nous ne le sommes pas sur tous ; aussi, un jour ou l'autre, nous nous proposons d'écrire une note où nous chercherons à faire voir :

1° Qu'il n'est pas démontré suffisamment que cet étendard est de la fin du xvıᵉ siècle, qu'il n'est pas sûr qu'il soit espagnol et que les armoiries qu'on y voit ne sont ni celles de Castille, ni celles de Léon.

2° Que la plupart des parties du travail de M. Paulin-Péris sur ce sujet sont fort hasardées.

3° Enfin, qu'on a passé sous silence un point capital : la forme de la couronne à cornes spéciale à la Bourgogne qui réunit les deux arquebuses du drapeau ; cependant, le dessin de cette couronne est absolument le même que celui qui figure dans une tapisserie de la cathédrale de Berne, recueillie en 1476 sur le champ de bataille de Morat, après la déroute de Charles le Téméraire. Ce dessin se trouve dans l'album du Sommerard.

Je crois qu'en m'occupant de ces recherches je remplis mon devoir de bon patriote beauvaisin.

Pour terminer, car enfin il faut en finir, je veux clore cette petite étude par une moralité ou plutôt par trois moralités :

La première, c'est qu'il faut se tenir en garde des articles de journaux écrits avec l'habileté et l'esprit qu'y sait mettre M. de Bonnefon.

Vraiment, si on se laissait faire, il nous ferait prendre des vessies pour des lanternes. Mais, en les lisant à tête reposée, on ne tarde pas à s'apercevoir que, comme les bâtons flottants du fabuliste :

> De loin c'est quelque chose
> Et de près ce n'est rien.

La seconde moralité, c'est que je n'aurais pas parlé de Jeanne Hachette si M. de Bonnefon n'avait commencé ; c'est que je n'aurais pas jeté quelques petits cailloux dans son jardin s'il n'avait pas ouvert la bouche ; ce que les Italiens traduiraient ainsi : *in bocca chiusa non entro mai mosca.*

La troisième moralité, et c'est la bonne, c'est qu'il y a des légendes respectables : ce sont celles qui regardent les gloires du pays et les croyances religieuses.

Il faut y penser à deux fois avant d'y

toucher. Si l'on continue ainsi, on fera de nous, hélas ! un peuple de sceptiques.

Quant à moi, tout en admirant la science du savant, j'avoue lui préférer souvent la foi du charbonnier ; l'une est peut-être plus enviable que l'autre ; dans tous les cas elle est certainement plus consolante.

LES PEINTRES-VERRIERS

BEAUVAISINS

AU XVIᵉ SIÈCLE

C'est le XVIᵉ siècle qui vit la peinture
sur verre arriver à son apogée. Ce n'est
pas cependant l'avis de tous ceux qui ont
écrit sur le vitrail ; selon certains d'entre
eux, la Renaissance serait une époque néfaste ; l'art du verrier particulièrement s'y
serait avili dans le commerce des modèles
profanes. Didron, dans le premier volume
de ses annales archéologiques, s'exprime
ainsi :

« Nous sommes de ceux qui pensent
« qu'on n'a jamais fait de plus belles fi-
« gures ni de plus belles draperies que

« celles qui se voient aux vitraux de Saint-
« Denis, de Sens et de Chartres, lesquelles
« sont des XIIe et XIIIe siècles. »

C'est aller un peu loin. Un examen un peu sérieux et sans parti pris fera voir que cette opinion est excessive ; on ne peut prétendre évidemment que le XVIe siècle ait élevé des églises plus majestueuses que le moyen âge. A cette époque, l'art ogival achevait péniblement sa carrière et cherchait dans une ornementation exagérée à lutter sans succès contre les formes grandioses et la pureté des lignes admirablement combinées des époques antérieures. Mais la peinture sur verre, au contraire, maîtresse de meilleurs procédés techniques, se fortifiant de l'étude des belles choses qui se développaient, n'eut plus un seul progrès à poursuivre, car elle arrivait à son tour à la perfection, tandis que l'architecture entrait dans la voie de la décadence.

On ne peut nier que les verrières primitives présentent une composition générale excellente, mieux appropriée à l'architecture du temps. Leur riche coloris, quoique trop souvent heurté, est d'un grand attrait ; il donne aux intérieurs des églises une ombre saisissante, il y répand un aspect de gravité religieuse incontestable, mais les figures et les ornements, exécutés par des ouvriers rudes et inexpérimentés, manquaient des principales qualités d'exécution. Les figures surtout n'arrivaient à l'expression que par la laideur, et les lignes des vêtements sont d'une raideur sans vérité. En se plaçant uniquement au point de vue chrétien, il faut reconnaître que les vitraux du moyen âge ne montrent que des personnages et des scènes tirés de la Bible et des pieuses légendes des martyrs de la contrée. Au XVI° siècle, le sentiment religieux s'est refroidi et la peinture sur verre s'en ressent un peu : on abuse également de la mode de représenter les donateurs, leur famille et leurs armoiries ; on voit dans les verrières des personnages peu dignes de figurer dans les églises : c'est ainsi que, dans l'une des verrières de Vincennes, on remarque la figure de Diane de Poitiers, la moins convertie des pécheresses, qui ne paraît pas trop confuse de se trouver au milieu de plusieurs saints personnages.

Cependant, il est incontestable qu'un grand nombre de verrières de cette époque respirent un véritable sentiment religieux, quoi qu'on en ait dit ; de plus, elles sont peintes d'une manière supérieure qui ne peut être comparée au dessin grossier, à l'âpre archaïsme et au byzantisme raide des vitraux des XII° et XIII° siècles. Il faut être bien exclusif et prévenu pour dénigrer la plupart des compositions du

xvi*, quand on les compare avec les ma-
gots du moyen âge, comme le dit si bien
M. Olivier Merson.

Aux xiii* et xiv* siècles, les verrières
étaient formées d'un certain nombre de
médaillons se rapportant en général à la
même légende. Le fond, sur lequel ils se
détachaient, formait une espèce de reticule
où le bleu ou le rouge dominaient. Au xv*
siècle on y ajoutait de grands personnages, souvent des fonds damassés et des
dais couronnant les saints ou les martyrs;
il y a certainement progrès sur les siècles
précédents. Mais c'est au xvi* siècle que
les couleurs émaillées au feu font corps
avec le verre ; les figures se modèlent ar-
tistement; il en est de même des draperies qui perdent leurs lignes rigides et
tombent naturellement; les ornements sont
admirablement travaillés, il y a dans les
tableaux des fonds admirables, des hori-
zons vaporeux, l'architecture des premiers
plans se dessine presque dans une perspective exacte. On trouve surtout dans
ces vitraux, grâce à un anachronisme admis alors, des renseignements précieux sur
les mœurs, les costumes et les personnages de l'époque. Ainsi, dans l'église d'E-
couen, on voit deux beaux portraits de
l'évêque de Beauvais, le cardinal de Châtillon.

C'est alors que des artistes français, appelés en Italie, peignirent un grand nombre de verrières, dans les églises de Bologne, d'Arezzo et de Rome. En même temps, ils exécutèrent partout en France de magnifiques vitraux, à Châlons, à Rouen, à Beauvais, à Conches, à Paris, à Bourges, à Gisors, à Montmorency, Ecouen, Chantilly, Brou, Champigny, etc.

Les principaux de ces artistes furent Guillaume de Marseille, les frères Gontier, Cordonnier, Michel Germain, Bernard Palissy, maître Claude, Pinaigrier et Jean Cousin.

Dans notre ville, cinq artistes du plus haut mérite purent lutter contre ces maîtres ; ce furent Engrand Le Prince, ses deux fils Nicolas et Jean et son gendre Jean Lepot, qui était à la fois peintre et sculpteur, et un autre Nicolas Lepot, parent de Jean. Une partie de leurs œuvres a disparu avec les églises Saint-Sauveur, Saint-Martin et la sacristie des Cordeliers. Mais à Beauvais, il existe encore diverses verrières peintes par la famille Le Prince, à la Cathédrale et dans les chapelles de l'église Saint-Etienne. L'une des verrières de Montmorency, qui fut donnée d'ailleurs par M. de Villiers, évêque de Beauvais, est d'Engrand Le Prince lui-même, ainsi que La mort de Saint-Claude et La légende de Saint-Etienne à Saint-Etienne du Mont de Paris ; plusieurs pièces remarquables de Saint-Vincent de Rouen sont d'Engrand et de son fils Jean.

Mais, c'est certainement à Saint-Etienne de Beauvais que se trouvent les plus belles verrières des cinq artistes Beauvaisins. On ne peut, quoi qu'on en ait dit, et malgré les affirmations de Denis Simon, les attribuer toutes à Engrand, car plusieurs portent les dates de 1548, 1553 et 1554. Or Engrand est mort en 1530 et son gendre Jean Lepot, en 1563. Tous deux furent enterrés dans le cimetière de Saint-Etienne, ainsi que le constate l'épitaphe qui est mentionnée dans les manuscrits de Borel :

Ci gyt Engrand Le Prince
en son vivant vitrier, natif de Beauvais
lequel décéda le jour de Pâques-fleurie 1530
et Jean Lepot, tailleur d'images, natif
de Ballerva
près d'Arras, qui trépassat le 12e juillet 1563
Les dicts ont fait dans cette église
plusieurs œuvres de leur métier
Priez Dieu pour les trépassés en disant
Pater noster — Ave Maria.

Les verrières qui étaient dans l'église Saint-Laurent, attribuées à Engrand, représentaient l'*Histoire de Sainte-Geneviève* ; dans celle de Saint-Martin, *le Credo*, et la verrière de la sacristie des Cordelières avait pour sujet *La Cène.*

Dans la cathédrale, les vitraux de la

chapelle Sainte-Barbe sont d'Engrand. La rose de la façade du nord des deux frères Jean et Nicolas Le Prince, celle de la façade du sud est de Nicolas Le Prince. Cette dernière est signée N. L. P. 1540. Ces initiales peuvent convenir aussi bien à Nicolas Le Pot, qu'à Nicolas Le Prince. Quoi qu'il en soit, les vitraux de la cathédrale sont du groupe d'artistes beauvaisins les Le Prince et les Lepot, dont Engrand était le chef de son vivant. Dans l'église Saint-Etienne il est difficile de dire si plusieurs verrières ont été peintes uniquement par Engrand; tout donne à penser que ces peintures appartiennent à toute la famille qui concourait à l'œuvre commune. Il est certain, dans tous les cas, et les dates inscrites le démontrent, que les verrières des chapelles Saint-Eustache, Saint-Pierre et Saint-Nicolas, ne peuvent être d'Engrand qui mourut plusieurs années avant l'exécution de ces peintures. Quant au vitrail de la chapelle Saint-Claude, Merson l'attribue à Nicolas Le Prince qui a peint un monstrueux diable vert à tête de taureau.

Peut-être la verrière de la Translation de la maison de Lorette est-elle l'œuvre d'Engrand ainsi que l'arbre de Jessé. Dans cette dernière, l'artiste a figuré sous les traits d'un jeune page l'un des descendants de Jessé; l'on pense que ce doit être

le portrait d'un des fils Le Prince et certaines personnes partent de là pour supposer que le travail a été entrepris après
la mort d'Engrand. Il serait bien possible
cependant qu'il en fût autrement ; le père
devait conserver la direction du travail de
la famille et il a pu désirer de voir, parmi
les personnages de l'arbre de Jessé, figurer
l'un de ses fils en même temps que les
figures de Saint Louis, de Louis XII et de
François Ier ; tout pourrait faire supposer
également que les verrières de la chapelle
de la Vierge et celle du Jugement dernier
ont été peintes du vivant d'Engrand Le
Prince.

Nous terminerons cette note rapide sur
les peintres verriers beauvaisins en con-
sacrant quelques lignes au beau vitrail de
l'arbre de Jessé où l'on sent dominer l'influence italienne. S'en suit-il, comme M.
Graves et d'autres l'ont dit après Denis
Simon, que les Le Prince faisaient faire
leurs cartons par les plus habiles peintres
italiens, élèves de Raphael. Ce n'est pas
à penser et les artistes beauvaisins étaient
assez complets pour n'avoir besoin du concours d'aucun auxiliaire étranger ; Denis
Simon, d'ailleurs, ne peut pas toujours
être pris au sérieux, tant s'en faut.

L'arbre de Jessé a servi de motifs à bien
des peintures et des sculptures. Les arbres
de Jessé du XIVe siècle ne consistent qu'en

médaillons, comme on peut le voir à la cathédrale et ne s'approchent guère de ceux du XVIe siècle qui sont fort nombreux. Il y en a un peu partout : à Saint-Nizier et à Sainte-Madeleine de Troyes, à la cathédrale de la même ville, ce dernier est très beau mais peut être du commencement du XVIe ; il y a aussi de beaux arbres à Sens, à Pavillon, à Autun, à Stival, à Elbeuf, à Saint-Maclou, à Saint-Romain et à Saint-Vincent de Rouen. Dans quelques petites églises de villages, on trouve des verrières représentant l'arbre de Jessé et dans nos pays il en existe un à Fresnoy-la-Rivière, près Crépy.

Mais de tous ces arbres, celui de l'église Saint-Etienne est le plus beau. On a prétendu que le champ bleu trop étendu de cette verrière fait paraître un peu mesquins les personnages en buste qui sortent des verticilles de feuilles, mais il nous semble que les figures, chefs-d'œuvre d'un coloris tendre et riche, n'en paraissent que plus belles et ce coloris éveille comme un souvenir de l'école milanaise.

Au bas du vitrail, Jessé, père de David, semble dormir d'un profond sommeil : de sa poitrine, d'où il sort par de profondes racines, s'élève un arbre vigoureux qui se bifurque en branches supportant au milieu de feuilles verticillées garnies de fleurs et de fruits, un des ancêtres de la mère du

L'Arbre de Jessé à Saint-Etienne,

Christ. Au sommet s'épanouit un lys où apparaît la Vierge et l'enfant Jésus. Deux anges célèbrent par une musique céleste la naissance du fils de Marie. En outre de la mère du Christ se trouvent douze personnages. David et Salomon se reconnaissent particulièrement ; mais on y remarque également François Ier, Louis XII et Saint-Louis que, par une flatterie singulière, l'artiste a placés parmi les ancêtres maternels du Christ. Sur la droite, un page à la blonde chevelure représente, on le suppose, un des fils d'Engrand Le Prince sur sa manche on lit ENGR ROI, on a, pour dissimuler le vrai nom et le mettre en rapport avec les autres personnages royaux, remplacé le mot *Le Prince* par Roi. Telle est du moins la supposition qui a été faite.

Les costumes des 12 sujets sont remarquables par leur richesse et ont une certaine ressemblance avec ceux qu'on portait à la cour au XVIe siècle; mais, chose singulière, plusieurs des descendants de Jessé, entre autres David et Salomon, sont décorés du collier de l'ordre de Saint-Michel.

C'est surtout le matin, quand le soleil fait resplendir le bleu lapis du fond du vitrail, étinceler les ors des bijoux et des vêtements, que ce chef-d'œuvre de la peinture sur verre prend un éclat merveilleux.

La ville de Beauvais en donnant le nom
d'Engrand Le Prince à l'ancienne rue des
Prêtres, qui longe la place Saint-Etienne,
a voulu rappeler à notre souvenir la mémoire de Le Prince, de ses fils et de son
gendre formant cette pléiade remarquable
des verriers beauvaisins.

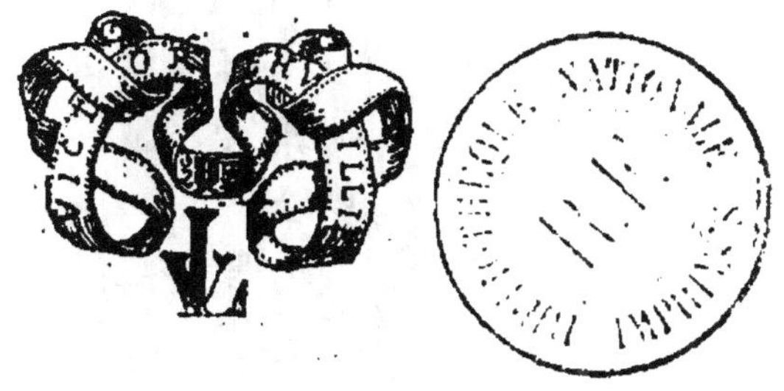

La Flèche de la Cathédrale.

Le maréchal de Boufflers.

[Library stamp: BIBLIOTHÈQUE ROYALE]

9*

Une Tapisserie du XVIe siécle
à la Cathédrale.

TABLE DES MATIÈRES

	Pages
La Flèche de la Cathédrale	3
Les Noms des rues et places de Beauvais en 1794	11
Les Evêques-Comtes de Beauvais	21
Le maréchal de Boufflers, grand bailli d'épée de Beauvais	33
Les Tapisseries de la Cathédrale de Beauvais	47
Les Russes à Beauvais sous Louis XIV et la Régence	59
La demoiselle Anne de Pisseleu	69
Gui Patin	79
Le Mercure barbu	89
Deux Beauvaisins, membres de l'Académie française	99
Charles X, roi de France, ancien évêque de Beauvais	113
Le Diocèse de Beauvais	119
Le Droit de travers dans le Beauvaisis	127
Une Famille de maires de Beauvais	135

	Pages
Les Cassini	140
Les Abbés de Saint-Lucien-les-Beauvais.	149
Philippe de Dreux et les Beauvaisins à Bouvines	159
L'abbé Haüy	169
Le Siège de l'Abbaye de Saint-Lucien en 1472	181
Jules César et ses gasconnades	189
La Noblesse du Bailliage de Beauvais en 1789	201
Un Poète grotesque beauvaisin au commencement du xviie siècle	209
Le Pilori à Beauvais	217
Les Boufflers	221
Les Fabriques d'étoffes à Beauvais avant 1780	229
Le Poète de Friancourt	245
La Procession de l'Assaut	253
La Juridiction consulaire à Beauvais	263
Jeanne Hachette a-t-elle existé ?	281
Les Peintres-Verriers beauvaisins au xvie siècle	299

GRAVURES HORS TEXTE

La Flèche de la Cathédrale	311
Le maréchal de Boufflers	313
Une Tapisserie du xvie siècle, à la Cathédrale	315

Beauvais. — Imprimerie A. Schmutz, 27 rue St-Pantaléon.

www.ingramcontent.com/pod-product-compliance
Lightning Source LLC
LaVergne TN
LVHW051052060726
842525LV00003B/620